처음이 어색할 뿐입니다

OTONA NO HITOMISHIRI by Eiji Shimizu

Copyright © Eiji Shimizu, 2017 All rights reserved.
Original Japanese edition published by WANI BOOKS CO., LTD.
Korean translation copyright © 2018 Wisdomhouse Publishing co., Ltd.
This Korean edition published by arrangement with
WANI BOOKS CO., LTD., Tokyo through HonnoKizuna, Inc., Tokyo,
and Shinwon Agency Co.

이 책의 한국어판 저작권은 신원 에이전시를 통해 WANI BOOKS와의 독점 계약으로
(주)위즈덤하우스 미디어그룹에 있습니다.
저작권법에 의해 한국 내에서 보호를 받는 저작물이므로 무단전재와 무단복제를 금합니다.

처음이 어색할 뿐입니다

초판 1쇄 인쇄 2018년 6월 8일 초판 1쇄 발행 2018년 6월 15일

지은이 시미즈 에이지
옮긴이 김해용
펴낸이 연준혁

출판2본부본부장 이진영
출판2분사편집 박경순

펴낸곳 (주)위즈덤하우스 미디어그룹 출판등록 2000년 5월 23일 제13-1071호
주소 경기도 고양시 일산동구 정발산로 43-20 센트럴프라자 6층
전화 031)936-4000 팩스 031)903-3893 홈페이지 www.wisdomhouse.co.kr

값 12,800원 ISBN 979-11-6220-445-0 03320

처음이 어색할 뿐입니다 : 꼼꼼하고 성실하지만 조금 낯을
가리는 당신을 위한 처방전 / 지은이: 시미즈 에이지 ; 옮긴
이: 김해용. -- 고양 : 위즈덤하우스 미디어그룹, 2018
    p. ; cm

원표제: 大人の人見知り
원저자명: 清水栄司
일본어 원작을 한국어로 번역
ISBN 979-11-6220-445-0 03320 : ₩12800

자기 계발[自己啓發]
낯가림

325.211-KDC6
650.1-DDC23   CIP2018015982

처음이 어색할 뿐입니다

시미즈 에이지 지음 ― 김해용 옮김

위즈덤하우스

편의점에서 맛있어 보이는 한정판 과자를 사고 싶은데, '계산대까지 들고 가는 게 창피해!' 하고 생각하는 당신.

사실은 하고 싶은 헤어스타일이 있는데 미용사와의 대화가 거북해서 '그냥 적당히 다듬어주세요' 하고 대충 주문하는 당신.

협상을 위해 상대와 마주하는 걸 싫어한 탓에 시장 개척도 지지부진하고, 주요 거래처에서도 꺼려하는 당신.

게다가 발열, 기침, 두통 등 명백히 몸이 안 좋아 한시라도 빨리 검진을 받고 싶은데 의사와의 대화가 두려워

병원 가는 것조차 불가능한 당신.

　지금 거론한 상황들은 보통 사람들도 겪는 현실적인 고민입니다. 이들 고민은 모두 다른 것처럼 보입니다. 하지만 사실 그 뿌리는 같은 곳에 있습니다. '사교 불안증'이라는 마음의 병으로 연결되는 '어른의 낯가림'이 원인입니다.

　'주변 사람들에게 나는 어떤 사람으로 보일까?'

　'상대방은 나를 어떻게 생각하고 있을까?'

　'나는 상대방으로부터 어떤 평가를 받고 있을까?'

　이런 것들을 생각하느라 우리는 상대에게 자신의 마음을 표현하지 못하거나 자신의 요구사항을 전달하지 못하기도 합니다. 때로는 너무 긴장한 나머지 대화를 자연스럽게 이끌어가지 못하기도 합니다.

　인간관계(사교라고 해도 좋습니다)에 대한 극도의 불안 때문에 결국 살아가는 데 있어서 필요한 일조차 할 수 없게 돼버리는 것입니다. 이러한 현상이 심해져 생활에 큰 지장을 준다면 그것은 사교 불안증이라는 병으로 진단할 수 있습니다.

물론 이러한 인간관계의 불안은 많든 적든 누구에게나 있습니다. 병이 되기 직전의 '예비군' 상태를 이 책에서는 '어른의 낯가림'으로 표현합니다.

인간관계에 불안이나 긴장을 별로 느끼지 않는다면 '타인이 보는 자신'에 대해 생각할 필요가 전혀 없을지도 모릅니다. 그러면 어떤 사람이든 몸가짐이나 언어생활이 순식간에 흐트러지고 행동도 마구잡이가 되어 방약무인한 사람이 될 수밖에 없을 겁니다.

'타인이 보는 자신'을 되돌아보는 것은 어느 정도 필요한 일입니다. 다만 현대인의 경우 그 '정도'가 극단적으로 치우쳐 있는 사람이 늘어난 것 같습니다. 즉 '타인이 보는 자신'에 과도하게 민감해서 살아가는 것을 부담스럽게 느끼거나 괴롭게 생각하는 사람이 극적으로 증가하고 있는 것입니다.

'타인이 보는 자신'에 민감한 사람이 왜 점차 증가하고 있는지 그 이유를 본문에서 차근차근 고찰해보겠습니다.

어느 텔레비전 프로그램을 보다 보니, 설문조사에서 '스스로 낯을 가린다'고 대답한 사람이 일본인의 64퍼센트나 되었습니다. 반면에 미국의 전문가들이 어림잡아 계산해본 바로는 일상생활에 지장을 주어 치료가 필요한 '사교 불안증'에 걸린 사람이 10퍼센트를 웃돈다고 합니다.

'낯가림'을 사교 불안증에 걸리기 전의 예비군, 경계선으로 여긴다면 60퍼센트의 사람이 병이라고 단언할 수는 없더라도 인간관계에서 불안을 강하게 느끼고 있으며, 10퍼센트의 사람이 사교 불안증으로 진단 받는 셈이 됩니다.

'설마, 낯가림이 심한 사람이 인구의 절반 이상이라고?' 이렇게 가볍게 생각하는 분도 있을지 모릅니다. '낯가림'은 단순히 성격의 문제로만 그치지 않습니다. 방치하면 점점 낯가림의 정도가 강해지고 스트레스가 증가하여 심각한 중증의 사교 불안증을 일으킬 우려가 있습니다. 그 사람의 생활의 질도 차츰 저하되어 갑니다.

요컨대 '낯가림'은 대인관계 문제 중 하나이므로 사회생활 전반에 악영향을 미칠 수도 있습니다.

이를테면 취직이나 결혼 같은 일생일대의 중요한 일이 마음먹은 것처럼 되지 않거나 학교나 직장, 가정의 평범한 인간관계를 구축하고 유지하는 것조차 힘들게 되고 맙니다.

인간관계에서 느끼는 강한 불안, 즉 낯가림을 치료할 수만 있다면 그보다 좋은 일은 없을 것입니다.

저는 정신과 의사로서 지금까지 다양한 사교 불안증 환자를 치료해왔고, 이를 개선하는 데 힘써왔습니다.

오랜 세월 이 치료에 몸담으며 알게 된 것은 인지행동 요법에 기초한 기술이나 사고방식을 제대로 익히고 훈련하면 낯가림이든 사교 불안증이든 모두 극복할 수 있다는 사실입니다.

'저는 천성적으로 낯가림이 심해서'라고 말하는 분도 많습니다만 천성적인 낯가림일지라도 그 증상을 가볍게 만들 수 있습니다.

왜 제가 이렇게 단언할 수 있는가 하면 저 자신도 어려서 낯가림으로 고생한 경험이 있었기 때문입니다. 하지만 인지행동요법이라는, 불안을 컨트롤할 수 있는 방법을 알고, '낯가림'의 메커니즘을 올바르게 이해하고 나서부터는 인생이 편안해졌습니다.

'낯가림이 심하다'고 계속 혼자만 고민하고 있는 분에게 말하고 싶은 것은 누구나 다 '낯가림'적인 요소는 있다는 것입니다. 대부분의 사람들이 낯선 환경, 특히 첫 만남

자리에서 어색해하고 수줍어하는 경우가 많습니다. 하지만 처음이 어색할 뿐, 조금씩 알아가는 기회가 생기면 누구보다 괜찮은 사람이라는 것을 상대도 알게 됩니다.

올바른 인지행동요법을 통해 당신 내부의 '낯가림' 요소와 수줍음과 어색함을 잘 개선하여 인생을 좀 더 풍요롭고 편안하게 지내길 희망합니다.

차
례

들어가는 말 • 4

1장
〰〰 **왜 처음이 힘들까요?**

사람들 앞에 서면 작아지는 당신 • 17

편리함과 맞바꾸듯 잃어버린 커뮤니케이션 능력 • 21

사교 불안증? 어른의 낯가림? • 24

때로는 둔감하고 때로는 예민하다 • 29

힘들 때 힘들다고 말할 용기 • 33

불안이 꼭 나쁜 것은 아니다 • 37

내향적인 사람이 감추고 있는 힘 • 40

기질은 바꾸기 어렵지만 성격은 바꿀 수 있다 • 44

불안 근육도 단련이 된다 • 48

2장
낯가림을 부르는 나쁜 버릇

낯가림을 이해하는 10가지 사고 버릇 • 55

모 아니면 도의 사고

지나친 일반화

마음의 필터

마이너스화 사고

결론의 비약

과대시와 과소평가

감정적인 단정

해야만 한다는 사고

딱지 붙이기

자기 관련성

잘못된 사고 버릇으로부터 벗어나는 법 • 77

자신감을 회복하는 간단한 방법 • 81

3장
낯가림을 줄여주는 처방전

불안 미터기를 작동시킨다 • 89

주의를 다른 것으로 옮겨본다 • 96

나쁜 기억은 좋은 기억으로 갱신한다 • 102

작지만 좋았던 일을 세 가지 적는다 • 108

사소한 것일지라도 나를 칭찬해준다 • 111

다른 사람의 관점으로 다르게 생각해본다 • 115

잘 듣는 것부터 시작한다 • 118

상대와의 공통점을 발견한다 • 124

호흡만으로도 불안은 가라앉는다 • 126

몰두할 수 있는 취미를 갖는다 • 128

4장

어색하지만 조금씩 익숙해지는 연습

타인에게 조금씩 자신을 드러낸다 • 133

부끄럽더라도 억지로 하는 '반품 트레이닝' • 139

경청하고 수용하고 공감한다 • 144

주어를 너에서 나로 바꿔 말한다 • 147

상대의 눈을 똑바로 바라보는 연습 • 152

곤란한 이야기를 해야 할 때 • 156

순간 떠오르는 성공 경험을 떠올린다 • 159

작게 작게 목표를 설정한다 • 161

5분 만에 가벼워지는 마음 연습 • 164

싫은 기분을 그대로 느껴보는 감정 연습 • 168

5장

다시 불안해진다면

마음의 안정을 찾아주는 긍정 연습 • 175

근육이완법으로 몸과 마음을 풀어준다 • 179

몸을 가다듬고 주의를 이동하는 호흡법 • 182

6장
〜〜〜〜 **떨지 않고 자신 있게**

낯가림은 무기가 된다 • 187

없던 자신감도 생긴다 • 191

딱 15분만 걱정한다 • 194

눈앞에 있는 것에 집중한다 • 197

대화의 규칙을 철저히 지키지 않는다 • 200

망상이라도 우선은 경청한다 • 203

성실한 대응이 강점이 된다 • 205

낯가림이 있는 그대로 괜찮다 • 208

서로의 다름을 인정한다 • 212

솔직함이 정답이다 • 216

공격적인 상대에게는 '망가진 레코드법'으로 대항 • 219

때로는 도망치는 게 최선이다 • 222

스몰 토크로 거리를 좁힌다 • 226

세상 모든 일이 화제가 된다 • 229

누구보다 나를 긍정하고 공감한다 • 232

나오는 말 • 236

1장

왜 처음이 힘들까요?

사람들 앞에 서면
작아지는 당신

어른이 된 지금도 '낯가림'으로 고민하고 있지 않습니까?

'낯가림'은 원래 어린아이에게 사용되는 말입니다. 갓난아기가 엄마의 존재를 인식하고, 엄마와 다른 사람을 구별하게 되는 '성장의 한 과정'으로 이해해왔습니다.

하지만 최근 들어 낯가림이라는 말이 어린아이뿐만 아니라 어른에게도 사용되기 시작했습니다.

인터넷 백과사전인 위키피디아에는 '낯가림' 항목에서

다음과 같이 기술하고 있습니다.

"어른의 경우 내성적인 사람, 수줍음을 많이 타는 사람, 부끄럼쟁이, 숫기 없는 사람이라는 말로 표현하는 것이 표준이었지만 현재는 낯가림이라는 말을 어른에게도 자주 사용한다."

정신과 의사인 제 입장에서 설명하자면 어른의 낯가림은 '인간관계의 불안이 강한 상태'를 가리키는 것 같습니다.

어른의 낯가림은 사교적인 자리에서 불안을 느끼고, 동요나 얼굴 붉힘, 땀이 나는 등의 증상이 나타나는 마음의 병 가운데 하나이며, 의학 용어로는 '사교 불안증'이라고 불리는 상태의 예비군이라 할 수 있습니다.

이 책에서는 생활의 장애가 6개월 이상 지속되는 병의 상태를 '사교 불안증', 병이라고까지는 할 수 없지만 사교, 대인관계의 자리에서 불안이 강한 상태를 '낯가림'으로 분류하고 있습니다.

'사교 불안증'은 최근 사용되기 시작한 용어로, 얼마 전까지는 신경증 치료에 사용된 '모리타 요법'의 창시자인 모리타 마사타케(森田正馬) 선생의 '대인공포증'이라는 말로 통용되었습니다.

모리타 선생이 대인공포증 연구를 시작한 것은 1920
년대인데 이는 서양보다 빠른 것이었습니다. 해외 연구
자들 사이에서도 '다이진쿄후쇼(對人恐怖症, 대인공포증)'로
통했습니다.

일본의 특징이라 할 수 있는 '부끄러움의 문화'에서는
'사람들 앞에서 부끄러움을 느끼는 것은 죽을 만큼, 혹은
그보다 더 괴로운 일'로 흔히 인식되었고, 모리타 선생이
연구를 하던 당시에는 일본에서만 보이는 특수한 마음의
병으로 여겨졌습니다.

하지만 그 후의 연구를 통해 서양에도 비슷한 증례가
있다는 것을 서서히 알게 됨으로써 사교 불안증이라는
말이 생겨났고, 최근 들어서는 그것이 역수입되는 형태
로 일본에서도 사용되기 시작한 것입니다.

더욱이 사교 불안증은, 미국에서는 'Social Anxiety
Disorder(SAD)'라고 불리고 있고, 미국의 통계로는 인구
의 약 10~15퍼센트의 사람이 이 질환을 앓고 있으며, 평
균 15세에 증세가 나타난다고 합니다.

'사교 불안증'이라고 하면 왠지 꺼려지고 딱딱하게 생

각될지 모르겠지만 사람들 앞에 나서거나 다른 사람과 만날 때 불안을 느끼는 것이 특별한 일은 아닙니다. 문제는 그 고통의 정도가 현저하거나 중대한 지장을 초래하는 사교 불안 장애로 변해 젊은 사람들을 중심으로 고통을 호소하는 사람들이 늘고 있다는 것입니다.

편리함과 맞바꾸듯
잃어버린 커뮤니케이션 능력

사고 불안증에는 이를테면 다음과 같은 케이스가 있습니다.

남학생과의 대화가 괴로운 고등학교 3학년 여학생.

중학생 때까지는 평범하게 남학생들과 이야기를 나누었고 왕따를 당한 경험도 없다. 그런데 최근 갑자기 남학생과 이야기하는 게 힘들어졌다. 남학생 앞에 서면 '나를 보고 괜히 짜증 내지 않을까', '기분 나쁘다고 생각할지

도 모른다' 등등의 생각이 머릿속에 떠올라 선뜻 말을 걸
수 없게 되어버렸다.

중학교 때 동급생이었던 남학생과도 대화를 나눌 수가
없다. 여자 친구들은 '생각이 너무 많다'고 하고, 자신도
그런 것 같지만 성격은 쉽게 바뀌지 않는다. 좋아하는 남
학생이 생겼는데도 금방 포기해버린다…….

이러한 여학생들이 제법 있습니다. 이 상태가 매일 6
개월 이상 지속되면 사교 불안증이 의심됩니다.

또 근래 들어 사회 전체가 커뮤니케이션을 최대한 배제
함으로써 낯가림을 더욱 조장하는 듯한 분위기도 감지됩
니다.

최근 속도를 내고 있는 '완전 1인실'을 표방하는 라면
가게 체인이 있습니다. 가게 안에 들어서면 우선 식권을
자동판매기에서 구입하고 전자게시판으로 빈자리를 확
인한 후 자리에 앉습니다. 각 좌석은 벽으로 칸막이가 되
어 있고, 정면에는 구슬발 같은 것을 쳐놓았습니다.

바로 앞에 있는 버튼을 누르면 발 너머로 종업원이 나
타나고, 식권을 건네주면 물을 서비스합니다. 마늘을 넣

을 것인지, 안 넣을 것인지를 확인하는 등의 세부적인 지
정은 주문표로 주문할 수 있습니다.

다른 손님은 물론이고 종업원과도 얼굴을 마주치지 않
고 말을 섞는 일도 없이 식사를 할 수 있는 것입니다.

다른 사람과의 커뮤니케이션이 귀찮은 사람이나 후루
룩 하고 면을 빨아들이는 모습을 남에게 보이고 싶지 않
은 여성들에게 호평을 받는 모양인지 가게는 번창하고
있습니다만, 적잖이 삭막한 느낌이 듭니다.

이 가게의 경우가 약간 특이할지도 모르겠고, 편의점
이나 슈퍼마켓에서도 종업원과 대화 없이 상품을 구입
할 수도 있습니다만 과거에는 이러한 판매 형태는 없었
습니다.

인터넷이나 모바일 기기 등이 등장하면서 상대방과 대
면하지 않고도 정보 교환을 쉽게 이룰 수 있게 되었습니
다. 사회 전체가 편리하게, 편하게 나아간 결과 우리의
커뮤니케이션 능력은 점점 저하되고 만 것입니다.

사교 불안증?
어른의 낯가림?

그럼 대체 어떤 상태를 '사교 불안증'이라고 정의할
수 있을까요? 자세히 설명해보겠습니다.

사교 불안증이라고 진단하는 기준에는 아래와 같은 항
목이 있습니다.

❶ 사람들 앞에서 질문에 답하거나, 발표 또는 연기를 해야 하는
   등의 주목받는 상황이 두렵다.

네▨   아니오▨

❷ 회식 자리, 회의실, 교실 등 그룹 활동에 참가하거나 다른 사람이 이미 자리 잡고 앉아 있는 장소로 가야 하는 상황이 두렵다.

네 ■   아니오 ■

❸ 사람들 앞에서 창피당할 짓을 함으로써 타인으로부터 부정적인 평가를 받을까봐 두렵다.

네 ■   아니오 ■

❹ 위 ①, ②, ③의 두려움이 도를 넘어섰고, 그 상황을 회피하기 위해 당신의 생활이 지장을 받거나 그 상황을 참고 견디느라 심한 고통을 느낀 것이 6개월 이상 지속되고 있다.

네 ■   아니오 ■

　①~④ 모두 '네'에 해당하면 사교 불안증이 의심됩니다. 당신에게도 해당되는 사항이 있지 않습니까? 전혀 신경 쓰지 않는 사람 입장에서 보면 대수롭지 않은 일도 어느 사람에게는 큰 고통인 경우가 있습니다. 사교 불안증의 괴로움을 다른 사람이 이해하고 공감해주는 것은 어려운 일입니다.

　사교 불안증의 특징으로, 초등학교 고학년 무렵부터 서서히 증상이 나타나는 경우가 있습니다. 그런 한편으로 학생 때는 괜찮았던 커뮤니케이션이 어른이 되고 나서부터 갑자기 곤란해지는 사람도 있습니다.

일반적으로 생각할 때 경험이 쌓이면 커뮤니케이션 기술도 좋아질 거라고 생각하겠지만 성장 과정에서 사교 불안증이 생기는 것은 결코 드문 일이 아닙니다.

그 원인에 대해 생각해봅시다.

어린 시절 사람들 앞에서 교과서를 읽는 게 괴로웠다는 사교 불안증 환자는 제법 많습니다. 초등학교 저학년 때는 그리 심하지 않았는데 고학년이 되고 나서부터 사람들 눈을 신경 쓰게 되었다는 분들도 많습니다.

일반적으로 초등학교 저학년까지는 무슨 일이든 자신이 중심인 것처럼 행동하지만 고학년이 되면 자의식에 눈뜨게 되거나 '드리다'나 '여쭙다' 같은 자신을 낮추는 겸양어를 배웁니다. 자기중심적이어서는 안 된다고 생각하고, 갑자기 사람들 눈을 신경 씀으로써 사교 불안증이 시작되는 계기가 생겨납니다.

중학교에 들어가면 등교하지 않는 아이가 한 반에 한 명은 된다는 통계가 있습니다. 이것 역시 사교 불안증 문제와 연관이 있는 경우가 많은 것 같습니다.

그다음 장해물은 대학이 아닐까요? 고등학교 때까지

는 교실의 자리가 정해져 있으므로 신경 쓸 필요가 없지만 대학의 강의실은 자리가 정해져 있지 않습니다. 그래서 누구 옆에 앉으면 좋을지 몰라서 불안해합니다. 그러다 동아리에 들어가면 인간관계가 더욱 농밀해져 당황하게 되죠.

최악의 경우 학교는 내키지 않을 때 쉰다는 선택지도 있지만 사회인이 되면 '내일 해야 할 프레젠테이션이 불안하다, 가기 싫어' 하고 쉴 수도 없습니다.

게다가 신입 시절에는 시키는 대로만 하면 되지만 과장이나 부장 같은 직급이 붙게 되면 부하 직원 앞에서 이야기하는 것을 늘 피할 수만은 없게 됩니다. 그 전까지는 사람들 앞에서의 발표도 그럭저럭 해왔던 분들도 결국 견디다 못해 회사를 쉬는 경우도 있습니다.

실제로 환자분들에게 "언제부터 사람들 앞에서 이야기하는 게 힘들어졌나요?" 하고 물어보면, "그러고 보니 중학교 1학년, 열세 살 때 이런 일이 있었네요" 하고 기억을 떠올립니다.

이런 계기가 되는 인생의 사건을 심리학 세계에서는 '라이프 이벤트'라고 합니다만, 이 라이프 이벤트를 확실

히 알고 있으면 그때의 사고방식을 재구성할 만한 인지
행동요법으로 대처할 수 있습니다. 이것을 모를 때는 함
께 찾아보는 작업을 수행하기도 합니다.

때로는 둔감하고
때로는 예민하다

사고 불안증 환자에게는 대체로 어떤 계기가 되는 라이프 이벤트가 있습니다.

유치원 졸업식 때 힘들었다는, 정말 어렸을 적의 기억을 이야기하는 분도 있습니다. 낯가림이나 사고 불안증인 사람 중에는 감수성이 예민한 사람이 많습니다.

감수성이 예민한 사람은 둔감한 사람이 느끼지 못하는 사소한 것으로도 행복을 느낄 수 있습니다. 하지만 거꾸로 말하면 둔감한 사람은 느끼지 못하는 사소한 것으로도 힘들어하고 불안해합니다.

감수성이 예민하다는 것은 장점이기도 하고, 단점이기도 합니다. 장점은 그냥 두어도 상관없습니다만 이러한 단점 때문에 생활이 곤란해지면 그 부분의 감수성을 둔 감하게 만드는 게 좋습니다.

또한 어린 시절에는 학교 같은 환경에 놓여 있기 때문에 강제적으로 타인과의 접촉을 그럭저럭 지속할 수 있지만 어른이 되면 반드시 그렇지도 않습니다. 사람들과의 접촉이 극단적으로 줄어들어 낯가림을 하는 경우도 있습니다.

예를 들어 여성의 경우는 산후 우울증에 걸리는 사람이 적지 않습니다. 출산한 여성의 열 명 중 한 명은 우울증에 걸린다고 합니다. 출산 후 사회로부터 고립되고, 양육도 홀로 하게 되면 사회문제가 됩니다. 제가 할 수 있는 조언은 '출산 후에는 고양이 손이라도 빌려서 육아에 도움을 받도록 하고, 틈틈이 최대한 휴식을 취하라'는 것입니다.

옛날에는 이웃과도 가족처럼 농밀한 인간관계가 형성되어 있어서 이웃 아주머니와 함께 양육을 할 수 있었지만 지금은 그러한 환경이 부족하여 홀로 양육하는 경향이 있습니다. 그렇게 되기 전에 남편이나 할아버지, 할머니, 각 지자체, 보육원 등 모든 수단을 동원해야 합니다. 혼자 양육으로 끙끙대어서는 안 됩니다. 출산 후의 낯가림은 정말 좋지 않습니다.

또한 최근에는 결혼을 늦게 하는 경향으로 인해 독신 생활이 길어지고 있기 때문에 사람들과 대면하는 기간이 짧은 사람도 많으리라 생각합니다.

우미노 쓰나미 선생의 만화가 원작인 〈도망치는 것은 부끄럽지만 도움이 된다(逃げるは恥だが役に立つ, 줄여서 '니게하지'라고 부른다_옮긴이)〉(TBS)라는 드라마가 히트를 쳤습니다. 아라가키 유이 씨가 연기한 가사 도우미 모리야마 미쿠리가, 호시노 겐 씨가 연기한 '프로 독신'을 자청하는 쓰자키 히로마사의 집에 들어가 살며 가사 도우미를 하기 위해 계약 결혼을 한다는 스토리로, 큰 공감을 얻으며 '사랑의 댄스'와 함께 붐을 일으켰습니다.

쓰자키 히로마사처럼 다른 사람과 농밀한 접촉 방식을 좋아하지 않는 생활 방식은 나름대로 존중받을 수 있는 부분이 있다고 생각합니다.

세상 사람들과 일정한 거리를 두고 예술의 길을 개척해온 가모노초메이(1155-1216, 일본의 가인이자 수필가_옮긴이)나 요시다 겐코(1283?-1352?, 일본의 수필가_옮긴이) 같은 은둔문학의 사례도 있고, 그러한 길을 선택한 사람도 있을 테죠.

다만 파트너가 없는 상태라면 다른 사람과 접촉할 기회는 많지 않기 때문에 다른 사람과 이야기하는 것 자체가 불안해져서 결국 귀찮게 느껴지는 경향은 있으리라 생각합니다.

역시 인간은 무리 속에서 살아가게 되어 있는 동물입니다. 사회에서 고립되면 아무래도 무리해서 행동할 수밖에 없고 그러다 보면 우울증에 걸리거나 면역력도 떨어지는 등 건강에도 좋지 않은 것으로 알려져 있습니다.

힘들 때
힘들다고 말할 용기

낯가림이라는 생활 방식은 방치하면 위험한 경우
도 있습니다.

이웃과의 교류도 없고, 커뮤니티에도 속하지 않은 채
사회로부터 고립되면 치매에 걸릴 우려가 높습니다.

특히 일만 하는 회사원일수록 조심해야 합니다. 상사나
부하, 거래처 등 일과 관련한 교류는 원만하더라도 퇴직
후에는 그러한 인간관계에서 어느 정도 벗어나게 됩니다.

현역 시절, 동네에서 인간관계를 적극적으로 구축하지

못하여 퇴직 후 고독해지고 말았다는 이야기도 많이 듣습니다. 남성의 경우 업무상의 교류라는 것은 기본적으로는 상하 관계입니다만 지역사회의 교류는 수평적이라 질적으로 다릅니다.

그러므로 남성은 정년퇴직을 하면 당황스러울 수밖에 없습니다. 누가 되었든 일을 그만두고 갑자기 수평적인 인간관계를 만들라고 해봤자 곤란하기만 하겠죠. 그러므로 현역으로 있는 동안 지역사회 등에서의 인간관계를 구축해둘 필요가 있습니다. 아무리 그래도 낯가림이 있는 사람은 할 수 없는 일이겠지만요.

한편 여성은 수다를 통해 수평적인 인간관계를 구축하기가 수월합니다. 남자인 제 입장에서 보자면 정말 부럽기 그지없습니다.

중년 남성의 자살이 사회문제가 되고 있습니다. 남성의 경우 문제를 끌어안은 채 누구와도 의논하지 못하고 궁지에 몰리거나 술 등으로 도망쳐버리는 일도 있을 것입니다.

이럴 때 필요한 것이야말로 평소 낯가림하지 않고 힘들다고 말할 수 있는 능력입니다. 힘들다고 말해봤자 아무것도 해결되지는 않습니다만 입 밖으로 말하여 누군가와 의논하는 것만으로 편해질 수 있습니다.

'잡담의 힘'을 주제로 다룬 책이 잘 팔리고 있는 것처럼 타인과 잡담을 할 수 있느냐의 여부가 중시되는 세상입니다. 최근 스마트폰 같은 도구가 등장함으로써 거기에만 몰두해버리고, 그 결과 사람들과 굳이 이야기하지 않고 혼자 지내도 불편하지 않은 괜찮은 환경으로 변한 측면도 영향을 끼치는 게 아닐까요.

컴퓨터나 스마트폰 모두 틀림없이 편리합니다. 당연히 부정할 생각은 없습니다.

제 딸에게도 스마트폰을 사줄지 말지 아내와 요즘 심각하게 의논하고 있습니다만 고등학생이 되면 아무래도 사주어야 하지 않을까 생각합니다(결국 중3 때 사주었습니다). 하지만 스마트폰의 모태가 되는 애플의 스티브 잡스는 자신의 아이에게는 아이폰을 주지 않았다는 말도 있습니다.

그럼 왜 스마트폰은 아이들에게 좋지 않을까요?

그것은 얼굴 맞대고 하는 대화를 통해 활기차게 인간관계를 배워야 할 시기에, 스마트폰으로 주고받는 대화는 대인 커뮤니케이션 능력에 좋지 않은 영향을 준다는 사고방식이 있기 때문입니다.

물론 스마트폰의 긍정적인 측면도 당연히 있으며, 잘 다루지 못하면 시대에 뒤처지고 맙니다. 그렇다면 교육 현장에서 대인 커뮤니케이션을 정규 교과 과목에서 배우는 방향으로 바꿔간다면 좋지 않을까요?

정부는 영어 교육을 추진하고 있지만 영어보다 모국어 커뮤니케이션이 좀 더 중요하다고 생각합니다.

우리 치바대학 자녀 심성 발달 교육 연구센터에서는 초등학교 고학년 수업에 불안의 인지행동요법('용기 있는 자의 여행'이라는 프로그램입니다)을 수용하여 어린아이의 낯가림, 인간관계의 불안을 줄이는 활동을 하고 있습니다.

불안이 꼭
나쁜 것은 아니다

사교 불안증을 겪고 있는 사람의 이야기를 듣다 보
면 커뮤니케이션에서 강한 '불안'을 느끼는 사람이 많다
는 것을 알 수 있습니다.

본인에게 그것은 힘든 상황이겠지만 본래 강한 불안이
라는 감정은 인간의 성숙에 필요하며, 긍정적인 방향으
로 작용합니다.

틀림없이 스트레스가 된다는 부담은 있을 테지만 커뮤
니케이션을 끊어서는 안 됩니다.

예를 들어 생활습관병인 당뇨병의 원인 가운데 하나는 어느 정도 필요한 운동을 게을리하기 때문입니다.

마찬가지로 평소 커뮤니케이션을 자주 하지 않으면 사교에 수반되는 불안을 견뎌내는 데 필요한 '근육'이 약해지고 맙니다. 운동 부족이 몸의 건강에 좋지 않은 것과 같습니다. 커뮤니케이션 부족도 마음의 건강에 좋지 않습니다.

거꾸로, 너무 과해도 좋지 않습니다. 운동을 지나치게 해서 무릎이나 다리가 아픈 경우가 있듯이 커뮤니케이션을 지나치게 하는 것도 마음 건강에는 좋지 않습니다.

하루 종일 수다를 떠는 사람은 조증 상태라는 마음의 병일 가능성이 있으므로 마음의 건강에 좋다고는 볼 수 없습니다. 모든 일이 그렇듯이 적절한 균형을 유지할 필요가 있습니다. 그러므로 무리하면 커뮤니케이션 능력을 단련할 수 없고, 어느 정도 자신이 할 수 있는 범위 안에서 조금씩 의식적으로 해나가야 합니다.

예를 들어 일주일에 한 번 정도, 영어회화 교실에 다니며 '영어로 이야기하는 뇌의 근육'을 지속적으로 단련하면 어느 정도는 영어로 이야기할 수 있게 됩니다.

모국어 커뮤니케이션도 영어회화와 마찬가지로 훈련을 하지 않으면 사교적인 자리에서의 불안을 견뎌내는 능력이 점차 저하되고 맙니다.

앞으로는 사회 전체적으로 무인화(無人化)가 더욱 진행될 것이므로 현실의 커뮤니케이션이 줄어드는 방향으로 나아갈 것이고, 그로 인해 의식적으로 더욱 사람들과 만날 기회와 시간을 가질 필요가 있습니다.

그렇다고 너무 호들갑 떨 필요는 없습니다. 잠깐 편의점에서 종업원과 대화하다 보면 기분전환이 되는 체험을 하기도 합니다. 이런 일을 조금씩 축적해가는 게 중요한 것입니다.

내향적인 사람이
감추고 있는 힘

지금까지 '어른의 낯가림'에 대해 살펴보았습니다.

어른의 낯가림은 부끄러운 일이 아닙니다. 나이와 상관없이 치료할 수 있습니다.

어른의 낯가림을 치료하는 것에는 막대한 장점이 있습니다. 일의 생산성이 올라가고, 사적인 인간관계가 즐거워집니다.

한편 낯가림 자체에도 장점은 있습니다. 앞에서 말한대로 불안 감수성이 강한 사람의 경우 생산성이 높아질 가능성이 특히 많기 때문입니다.

감수성이 강한 사람이기 때문에 성취할 수 있는 일도 많습니다. 그러므로 낯가림이 있다는 이유만으로 자신감을 잃지 않았으면 합니다.

불안감이나 긴장감이 전혀 없는 사람에게 일을 맡기는 것은 두려운 일입니다. 그런 사람에게 일을 맡기면 왠지 허점이 많을 것 같습니다. 하지만 불안 감수성이 강한 사람은 꼬박꼬박 몇 번씩 확인하기 때문에 마무리까지 안심하고 기다릴 수 있습니다.

다만 너무 신중하게 진행하기 때문에 시간이 많이 소요되는 경우가 있을지 모릅니다. 부탁하는 입장에서는 '그렇게 꼼꼼히 하지 않아도 돼' 하고 말할 수 있는 수준의 것일지도 모르는데 말이죠. 그러므로 그와 관련해서는 적절한 균형 감각이 필요합니다.

외향성과 내향성이라는 성격을 가리키는 말이 있습니다. 대개는 낯가림이 있는 사람은 내향적인 성격의 사람이죠. 보통은 부정적인 이미지가 포함되어 있는 말인 것 같습니다만 내향적인 사람이기 때문에 오히려 실현할 수 있는 일이 여러 가지 있습니다.

내향적이라는 것을 좀 더 긍정적으로 생각하기 위해, 수전 케인이라는 미국인 여성은 내향적인 성격에 대한 일반적인 사고방식을 바꿔보려 했습니다.

미국 뉴욕에 본사를 둔 비영리단체 TED가 운영하는 〈TED Talks〉라는 인터넷 프로그램에서 '내향적인 사람이 감추고 있는 힘'이라는 테마로 그녀는 강연을 했습니다.

미국의 경우, 일본 이상으로 외향형 인간이 중시되고 내향형 인간은 존재감이 희박하여 출세 경쟁에서도 불리한 경향을 보이는 사회 같습니다만 사실 전체 인구의 3분의 1에서 절반 정도는 내향형 인간입니다. 그녀는 그 내향형 인간의 '콰이어트 레볼루션(조용한 혁명)'을 주장했던 것입니다.

케인 씨는 훗날 변호사가 되었는데, 자라면서 외향적인 사람이 되려고 늘 노력했습니다. 그녀가 어린 시절에는 가족 전원이 내향적이어서 여름방학이면 모두들 책을 보며 즐겁게 지냈던 모양입니다.

하지만 미국에서는 여름방학이 되면 모두 여름캠프를 가는 게 일반적이죠. 그녀는 다른 아이들도 모두 그러리라 생각하여 가방 안에 책을 잔뜩 담아 여름캠프에 참가했었다고 합니다. 그런데 여름캠프에서는 '최대한 외향적으로 지내야만 한다'는 분위기라 책 볼 시간이 없었다고 합니다.

그 후에도 그녀는 미국 사회로부터 '조용하고 내향적인 성격은 옳지 않다. 좀 더 외향적인 인간으로 인정받도록 노력해야 한다'는 메시지를 늘 감지해왔다고 합니다. 하지만 마음속으로는 '내향적인 것이 잘못된 것은 아닌데' 하고 늘 생각했던 모양입니다.

그녀는 대학 졸업 후 금융가의 변호사에서 작가로 변신하여, 7년 동안 《콰이어트: 시끄러운 세상에서 조용히 세상을 움직이는 힘》이라는 책을 냈습니다.

그녀는 "사교적이고 활동적인 것이 그 어떤 것보다 평가받는 문화 속에서 내향적인 것은 운신의 폭이 좁고 부끄럽기까지 한 것처럼 느껴진다. 하지만 내향적인 인간은 커다란 재능과 능력을 가지고 있고, 그 내향성은 좀 더 평가받고 장려되어야 마땅하다"라는 주장을 했습니다.

그녀가 쓴 이 책은 세계적인 베스트셀러가 되었습니다.

기질은 바꾸기 어렵지만
성격은 바꿀 수 있다

애당초 '내향적인 사람'과 '외향적인 사람'은 무엇
이 다를까요.

사람의 성격을 혈액형으로 분류하는 방법은 유명합니
다. A형은 진지하고, B형은 좋고 싫은 게 분명하며, O형
은 대범, AB형은 A형과 B형의 중간이라는 식의 분류입
니다. 여러분도 어디선가 들어본 적이 있을 것입니다.

하지만 혈액형 성격 분류를 심리학적으로 자세히 조사
한 결과, 혈액형과 성격에는 아무런 관련이 없다는 게 밝

혀졌습니다. 그런데도 혈액형 성격 분류는 오랫동안 인기를 끌고 있습니다. 그것은 인간의 성격을 간단하게 분류하여 인간관계를 원활하게 하고 싶다는 마음이 작용하기 때문일 것입니다.

그렇다면 좀 더 제대로 된 성격 분류는 없을까요.

심리학의 세계에서는, 사람의 성격은 '빅 파이브(Big Five)' 이론을 이용하면 쉽게 이해할 수 있다고 합니다.

그 요소는 아래와 같은 것들입니다.

① 신경질(불안해하거나 상처받기 쉽다)

② 외향성(외향적이고 활동적이다)

③ 개방성(선견지명이 있고 머리 회전이 빠르다)

④ 동조성(사람이 좋고 관대하다)

⑤ 성실성(진지하고 책임감이 강하다)

이 다섯 가지의 사고방식에서는 혈액형으로 성격을 분류하는 것처럼 이 혈액형은 이런 성격이라는 식으로 단순히 사람을 분류하는 경우는 없습니다.

사람들 각각의 성격이 이 다섯 가지 요소를 조금씩 배

분하여 형성된다고 생각합니다.

낯가림에 관해서는 다섯 가지 요소 가운데 ① 신경질과 ② 외향성 두 가지가 중요합니다.

① 신경질적인 사람이라는 표현은 부정적인 인상을 줄수 있으므로, 민감한 사람이라 하고, 그 반대는 둔감한 사람이라고 표현할 수 있습니다. 또 ② 외향적인 사람의 반대는 내향적인 사람입니다. ①과 ②의 조합은 경우의 수가 2×2이므로 네 가지가 있습니다. 즉 (A) 민감하고 외향적인 사람 (B) 민감하고 내향적인 사람 (C) 둔감하고 외향적인 사람 (D) 둔감하고 내향적인 사람, 이 네 가지입니다.

(C)처럼 둔감하고 외향적인 사람은 낯가림을 하는 사람이라고는 할 수 없을 것입니다. 한편 (B)처럼 민감하고 내향적인 사람과 (D)처럼 둔감하고 내향적인 사람은 낯가림과 관계가 있을 테죠.

미국의 정신과 의사이자 유전학자이기도 한 클로닝거(C. Robert Cloninger) 교수는 'TCI(Temperament and Character Inventory)'라는 질문지를 이용한 인격 이론을 주장했습니다.

이 이론은 쉽게 말하자면 '퍼스널리티에는 기질(tempera-
ment)과 성격(character) 두 가지가 상호적으로 작용하여 들
어 있다'는 것입니다.

그가 말하는 '기질'이란 선천적으로 유전되어 생겨난
성질입니다. 한편 '성격'이란 후천적으로 획득된, 유전이
아닌 성질입니다.

클로닝거 교수는 "기질은 변하기 어렵지만 성격은 변
하는 경우도 있고 성장하기도 한다"고 말합니다.

낯가림도 유전적인 부분이 있지만 유전이 아닌 라이프
이벤트 속에서 생겨난 부분도 있습니다.

환자분들 중에는 "이것은 성격이라 변하지 않는다"고
말하는 사람도 있습니다만 "전혀 그렇지 않습니다. 낯가
림은 인지행동요법으로 바뀔 수 있습니다. 포기하지 마
세요"라고 저는 단호히 말합니다.

불안 근육도
단련이 된다

낯가림을 개선한다는 것은 인지행동요법을 이용해
불안을 극복하는 것입니다만 정말 그것이 가능할까, 생
각하는 분도 있을 겁니다. 여기에서는 '불안 근육'에 대
해 말하고자 합니다.

먼저 사람들 앞에 나섰을 때 느끼는 불안은 감수성이
풍부한 사춘기 무렵이 가장 강합니다. 하지만 우리는 나
이를 먹음에 따라 둔감해지고 차차 안정을 찾아갑니다.
그것은 불안에 익숙해지는 것이라고도 할 수 있고, 또

'불안을 견디는 근육'이 단련되기 때문이라고도 할 수 있습니다.

하지만 충격적인 사건이 발생해 다시 일어서지 못한 채 등교 거부를 하거나 외톨이가 되어버리거나 사람들과 만날 수 있는 상황을 회피, 타자와의 관계를 폐쇄해버리면 '불안 근육'을 전혀 단련시킬 수 없게 됩니다.

다른 불안과 관련한 병 역시 회피하기 때문에 '불안 근육'이 쇠약해지는 문제가 생깁니다.

불안이 싫어서 회피하고 싶은 것입니다. 하지만 회피하면 회피할수록 불안은 강해지고 맙니다.

우리가 서서 걸을 수 있는 것은 지구의 중력에 의해 단련된 근육을 평소 사용하고 단련하기 때문입니다. 그런 한편, 우주에는 중력이 없기 때문에 우주비행사가 우주정거장에서 반년이나 일 년 정도 머물다 돌아오면 근육이 쇠약해져 걷는 것도 마음대로 되지 않습니다.

굳이 우주까지 가지 않더라도 사고 등으로 반년쯤 누워만 있는 상태가 되면 근육이 쇠약해져 역시 걸을 수 없게 됩니다. 평소의 생활이 몸 근육의 트레이닝이 되는 것입니다.

중력에 단련되는 트레이닝과 마찬가지로 우리가 평소 사람들과 대화할 수 있는 것은 불안을 견디는 트레이닝을 하기 때문입니다. 그러므로 외톨이가 되어 그것을 수행하지 못하게 되면 '불안 근육'이 쇠약해지고 마는 것입니다(물론 '불안 근육'이라는 말은 예를 들어 말한 것이고 실재하는 것은 아닙니다).

우주정거장에 장기간 머물렀던 우주비행사나 병상에 누운 사람도 물리치료를 받으면 다시 평범하게 생활할 수 있게 되듯이 낯가림도 인지행동요법 같은 물리치료를 받음으로써 조금씩 증상이 완화됩니다.

정년퇴직이나 사정이 생겨 회사를 그만둔 사람도 출근하지 않고 사람들과 만나지 않으면 '불안을 견디는 근력'이 쇠약해집니다.

원래 사교적인 사람 같으면 사람들과의 접촉을 찾아 외부로 나갈 것입니다. 사교적인 사람은 다른 사람들과 함께 있지 못하면 침울해지기 때문입니다.

하지만 원래 사교적이지 않은 사람은 집에 혼자 있는 동안 '불안 근육'이 쇠약해지고 사람들과 만나는 것이 귀찮아지며, 더 나아가 사람들과 접촉하는 게 어려워져 사회에서 고립되고 건강도 해치게 되고 맙니다. 물론 균형 감각이 중요하므로 혼자 있는 시간도 소중하고, 그 시간을 통해 하루의 스트레스를 해소하는 경우도 아주 없지는 않겠지만요.

우선은 하루 일상에서 외출 시간을 20~30분 정도 할애하여, 목소리를 내어 '안녕하세요' 하고 인사하는 습관 들이기부터 인간관계의 트레이닝을 시작해보세요.

낯가림의 여부는 흑백논리처럼 확연히 구분된다기보다 백에서 흑으로 가는 단계적 변화로 생각하는 편이 좋습니다. 정신의학에서는 스펙트럼(연속체)이라 부릅니다. 무지개처럼 빨간색에서 보라색으로 일곱 가지 색깔이 연속되는 빛의 띠에서 유래한 말입니다. 낯가림이 전혀 없는 사람, 조금 있는 사람, 중간 정도인 사람, 꽤 많은 사람, 사교 불안증이라는 병의 수준까지 연속된다는 사고방식입니다.

낯가림이란 혈압이나 혈당, 콜레스테롤 등의 수치처럼 검사로 확실히 측정할 수 있는 성질의 것이 아닙니다. 혈압도 낮은 사람부터 높은 사람까지, 예를 들면 90에서 180까지 있다거나, 혈당도 낮은 사람부터 높은 사람까지

60부터 190까지 있는 것처럼 연속됩니다.

낯가림 역시 그리 대수롭지 않은 사람부터 굉장히 심한 사람까지 있습니다. 적당한 정도가 될 수 있도록 자신을 트레이닝해야 할 필요가 있습니다.

2장

낯가림을 부르는 나쁜 버릇

낯가림을 이해하는
10가지 사고 버릇

낯가림이 심해지는 것을 막기 위해서는 우선 그 메커니즘을 이해해야만 합니다. 이번 장에서는 낯가림이 생기는 메커니즘에 대해 인지행동요법을 이용하여 해설해보겠습니다.

이제부터 소개할 열 가지 패턴의 '사고 버릇'에 빠지면 낯가림에도 쉽게 빠지는 경향이 있습니다. 이 버릇은 전문용어로 '인지의 왜곡'이라고 부릅니다. 익숙지 않은 말일지도 모르겠습니다만 인지요법의 세계에서는 자주 사용되는 말입니다.

간단히 말하면 인지란 사고방식(사고)입니다.

인간의 불안과 공포는 반드시 논리적인 귀결로 인해 생기는 것도 아닙니다.

'순간적'으로 불안이나 공포를 뇌가 느끼는 것입니다. 불안이나 공포 같은 강렬한 감정은 인지(사고)와 한 세트가 되는 경우가 있습니다.

인지요법의 세계에서는 자동적으로 머릿속에 떠오르는 생각을 '자동사고'라고 하지만 그 자동사고 안에 인지 왜곡이 존재하면 마치 장난처럼 불안을 느끼고 마는 것입니다.

인지요법은 정신과 의사인 아론 T. 벡(Aaron T. Beck)이 기초를 만들었습니다. 그리고 데이비드 D. 번즈(David D. Burns)가 《싫은 기분이여, 안녕》, 《필링 굿 핸드북》 같은 책에서 인지의 왜곡을 열 개의 패턴으로 분류하여 사람들이 알기 쉽도록 제시했습니다.

인지 왜곡을 이해하기 전에 '인지'란 무엇인가를 이해할 필요가 있습니다. 약간 어렵게 느낄지도 모르겠습니다만 중요한 사항입니다. 잘 따라와주세요. 눈으로 보거나 귀로 듣는 오감을 통한 '지각'도 넓은 의미에서의 '인지'에 포함됩니다만, 인지요법에서 말하는 '인지'란 '무엇인가를 생각하는 방식, 파악하는 방식'입니다.

인지 왜곡은 '사고방식의 버릇'이므로 억울함이나 불안 등을 초래하는 마음의 병으로 연결되는 경우가 있습니다.

우리의 감정은 인지의 결과로 생겨나는 경우도 있으므로 부정적인 인지를 하면 부정적인 감정이 만들어집니다.

예를 들어 넓은 사막을 여행할 때, 페트병의 물이 반정도 남아 있는 경우의 인지에 대해 생각해보죠. '이제 반밖에 남지 않았다'고 부정적인 해석을 하는 인지에서는 불안, 슬픔, 분노 같은 부정적인 감정이 동반됩니다.

반면 '아직도 반이나 남았다'고 긍정적으로 인지하면 기쁨, 희망 같은 긍정적인 감정이 생겨납니다.

실제로는 양쪽을 균형감 있게 받아들임으로써 절망과 희망의 중간 정도에서 여행을 마무리합니다.

하지만 절망에 너무 치우친 인지의 왜곡은 다 틀렸다며 사막 안에서 걸음을 멈추는 행동으로 연결되고 결국 죽음에 이르게 될지도 모릅니다.

그 정도로 인지 왜곡이 만들어내는 스트레스는 강렬합니다.

더 나아가 인지 왜곡이 심해지면 우울증이 생겨 사람이나 사물의 가치를 느낄 수 없게 됩니다. 모든 것이 무가치하고 따분하며, 세계 전체를 괴로움으로 가득 찬 것으로 해석하기 때문에 인생을 마음껏 누릴 수 없습니다.

마음의 병이 되지 않도록 극단적인 인지 왜곡을 수정해야 하지만 골치 아프게도 당사자는 그 상태를 눈치채지 못하는 경우가 많습니다.

인지의 왜곡은 본인이 가진 사고방식의 버릇입니다. 우선은 본인이 인지의 왜곡이라는 존재를 올바르게 인식할 필요가 있습니다. 그리고 무의식적으로 자동화된, 극단적으로 잘못된 사고의 버릇이 이미 형성되어 있다면 그것을 바르게 수정해야만 합니다.

모든 일에 대하여 극단적으로 편향된 견해, 즉 '고정관념'이나 '착각', '잘못된 상식' 등을 수정할 수 있다면 낯가림도 좋아질 테고 커뮤니케이션 능력도 점차 향상될 것입니다.

이제부터는 번즈가 주장한 열 가지 패턴의 인지 왜곡

을 소개하겠습니다. 그 각각은 완전히 독립된 것이 아니라 서로 중첩되는 부분이 있지만 해석에 너무 엄격히 구애될 필요는 없습니다.

우선 어떤 이유로 인지 왜곡이 발생하는지 이해하는 것이 중요합니다. 그리고 그들 패턴을 잘 검토하여 자신이 빠지기 쉬운 패턴을 알아야 합니다.

모 아니면 도의 사고

시험 점수가 100점 만점인 경우 95점을 받았다고 치죠. 일반적으로 생각하면 상당히 좋은 점수입니다. 하지만 '반드시 100점을 받아야겠다'고 생각하여 필사적으로 공부한 사람은 '100점 이외에는 아무 가치도 없다'고 생각하여 실망할지도 모릅니다.

이것이 '모 아니면 도의 사고'입니다. 극단적인 완전주의, 완벽주의라고도 할 수 있습니다.

모든 일을 모 아니면 도, 흑과 백처럼 극단적으로 분류하여 판단하는 사고방식의 버릇입니다. 이 경향이 강하면 흑백 이외에는 아무런 가치를 느낄 수 없게 됩니다.

하지만 색깔에는 흑과 백 이외에도 회색 같은 농담이나 명도에 따라 무수히 많은 패턴이 존재합니다. 파란색도 빨간색도 노란색도 분홍색도 초록색도 있습니다. 어느 색깔이든 저마다 고유의 가치가 있습니다만 '모 아니면 도의 사고'에 빠지면 두 종류의 판단밖에 하지 못하게 됩니다.

앞의 사례로 말하자면 100점 만점 시험의 경우 0점부터 100점까지 101가지의 점수가 있는데, '100점이 아니면 무의미하다'고 생각하는 사람은 100점 이외의 점수에 몹시 실망하고 마는 것입니다.

'완전히 ○○하다'라는 것은 실제로는 있을 수 없는 일인 경우도 많은데 자신이 세운 너무 높은 목표 설정에 자신을 맞추려고 한 나머지 '성공'이라는 긍정적인 해석의 인지가 불가능해지고, '실패'라는 부정적인 해석의 인지에 치우쳐 자신감을 상실하는 결과가 나타납니다.

고대 중국의 유교 가르침 가운데 하나로 '중용'이 있습니다. 중용이란 지나치고 부족함이 없는, 치우침이 없는 덕(德)을 말합니다.

일본 문화는 유교의 영향을 크게 받아 중용의 사고가 존중되어 왔습니다. '흑이거나 백'이라는 양극단의 견해를 갖지 않고 적당히 중요하고 유연하게 모든 현상을 바라보는 자세입니다.

하지만 보통은 유연한 사고를 할 수 있는 사람도 강한 부담감이 작용하는 상황에 오래 처해 있으면, 모 아니면 도와 같은 경직된 사고방식에 빠지는 경우도 있습니다.

모 아니면 도라는 사고에 사로잡히면 한층 더 스트레스가 심해져 암담한 기분이 되는 등 악순환에 빠지고 맙니다.

낯가림이 있는 사람은 특히 '인간관계에 실패하면 안 된다', '사람들 앞에서 완벽한 이야기를 해야만 한다'는 극단적인 사고방식에 빠져 있는 것은 아닌지 한 번쯤 자신의 사고 패턴을 돌아봐야 합니다.

지나친 일반화

'지나친 일반화'란 우연히 일어난 특수한 경우인데도 그것을 모든 일에 끼워 맞추듯 생각하는 것입니다.

우연히 A가 발생하고, 그 후 B가 발생했을 경우 그 후에도 반드시 A가 원인이 되어 B가 일어났다고 착각하는 경우입니다.

단 한 번이나 두 번의 결과를 보고 다른 일에도 '전부 이 모양이야!' 하고 지레짐작해버리는, 그것이 마치 계속되고 있는 것처럼 착각하는 사고 패턴을 말합니다. 모든 일에는 다양한 측면이 있고, 보는 방식에 따라서는 수많은 가치가 있는데 약간의 경험칙을 바탕으로 제멋대로 판단하여, 다양한 견해를 불가능하게 만드는 상태입니다.

일반화가 지나치면 어떤 일을 하여 부정적인 결과가 나왔을 때 '나는 늘 이래', '잘된 적이 없어' 하고 쉽게 생각해버리는 경향이 있습니다.

예를 들어, 어느 젊은 남성이 호의를 보여주는 여성에게 한 번 데이트를 신청했다가 거절당하면 '늘 이렇지. 나는 절대 여자와 사귈 수 없을 거야' 하고 생각하는 사고회로입니다.

데이트를 신청했다가 거절당한 것은 한 여성으로부터 단 한 번인데, 그 후에도 영원히 모든 여성들로부터 데이트를 거절당할 것처럼 착각하는 것입니다.

이러한 사고방식에 빠지면 안 좋은 일이 한 번이라도 생겼을 때 그것이 그 후에도 계속 반복될 것 같아서 불안이나 우울 같은 부정적인 감정이 늘 함께 생겨나게 됩니다.

하지만 딱 한 번 생겨난 일로 인생의 모든 것을 부정하는 것은 너무 섣부른 판단입니다. 실패했더라도 다음번에는 잘될지도 모릅니다.

마음의 필터

필터를 씌우면 어떤 것은 들어오고 어떤 것은 들어오지 않습니다.

'마음의 필터'란 모든 일의 나쁜 면만 눈에 들어오는 상태로, 좋은 측면은 보이지 않게 되는 상태를 가리키는 사고 패턴입니다.

어떤 일이든 플러스와 마이너스 측면이 있습니다만 마음의 필터를 통해 보면 플러스는 전혀 눈에 들어오지 않고 마이너스만 보이게 됩니다.

단 한 방울의 잉크가 컵 안의 물을 검게 만들어버리듯 하나의 좋지 않은 일에 집착하여 다른 좋은 것을 모두 무시해버리는 상태입니다. '마음의 선글라스' 혹은 '마음의 색안경'이라고도 합니다.

회사에서 어떤 기획을 제안했을 때 대부분의 평가는 좋았지만 어느 한 사람에게 들은 사소한 비판이 머릿속에서 떠나지 않아 기획의 모든 것을 부정당한 것처럼 착각, 고민하는 상황도 이에 해당합니다. 낯가림이 있는 사람은 칭찬은 귀에 들어오지 않고 꾸지람만을 신경 쓰는 경향이 있습니다. 칭찬의 말에 좀 더 유념하려는 마음가짐이 중요합니다.

이와 같은 마음의 필터를 쓰고 있으면 모든 일을 부정적으로 생각하기 때문에 당연히 기분도 침울해지기 쉽습니다.

마이너스화 사고

마이너스화 사고는 아무것도 아닌 사소한 일이나 원래는 플러스인 일도 마이너스라고 생각해버리는 사고 패턴입니다.

자신이 다른 사람을 위해 뭔가 좋은 일을 하여 그 상대방이 고마워하는 마음을 가지고 있는데도, 자신은 아무것도 할 수 없다거나 혹은 폐를 끼치고 있는 게 아닌가 생각하는 사고방식을 가리킵니다. 칭찬을 받아도 부정적으로 받아들이기 때문에 인간관계가 힘들게 여겨집니다.

앞에서 소개한 '마음의 필터'는 어떤 것의 긍정적인 측면을 무시하는 것을 가리키지만 '마이너스화 사고'는 긍정적인 측면도 마이너스로 받아들이므로 더욱 나쁜 인지의 왜곡 패턴이라 할 수 있습니다.

마이너스화 사고는 긍정적인 것을 굳이 격하하여 부정적인 것으로 생각해버립니다.

예를 들어, 어느 낯가림이 있는 사람의 발언에 대해 상사나 선생님 같은 윗사람이 "당신은 상당히 예리합니다"라고 말했다고 치죠.

예리하다는 말은 보통 사람들이 들을 때 좋은 착안점을 칭찬하는 말이므로 그냥 긍정적인 것으로 순순히 받아들여 '나는 칭찬받았다, 기분 좋다'는 기쁨의 감정을 느끼고, 그날 하루 기분 좋게 지낼 것입니다.

하지만 '마이너스화 사고'라는 인지의 왜곡이 생기면 '예리하다'는 말은, 혹시 내 착안점을 칭찬한 것이 아니라 윗사람의 마음이나 자존심을 손상시키는 발언이 아니었나 하고 이리저리 고민하고 마는 것입니다. 그 결과 '예리하다'는 말이 부정적인 의미라며 이상한 이유를 붙여 깎아내린 후 받아들이게 됩니다.

하루 종일 이것에 대해 고민하고 있는 자신을 본 적이 있지 않습니까? 그뿐만 아니라 '칭찬해준' 윗사람과 만날 때도 왠지 개운치 못한 마음이 들어 원활히 대화할 수 없는 상황에 빠지고 마는 것입니다.

예를 들면, 테니스 시합에서 자신이 받아 넘긴 공이 코트 라인 옆에 떨어졌을 때 심판(더 나아가 상대 선수까지도)이 라인에 닿아서 인(유효)으로 선언했는데, 정작 당사자인 자신이 방금 그것은 아웃(무효)이라고 스스로에게 불리한 판정을 내리는 것과 같습니다. 그렇다 보니 이길 수 있는 시합도 늘 지고 실망만 하다가 마침내 테니스가 싫어지는 것이나 다름없습니다.

낯가림이 있는 사람은 다른 사람이 해준 말을 어떻게 판단할지 갈피를 잡을 수 없게 되면 '마이너스화 사고'의 함정에 빠질 가능성이 높으므로 주의가 필요합니다.

그럴 때는 '마이너스화 사고'의 반대인 '플러스화 사고'를 하는, 즉 '칭찬받아서 좋았다'고 자신에게 유리한 판정을 내리는 버릇을 들이도록 해보세요. '플러스화 사고'를 하면 확실히 낯가림은 약해집니다.

결론의 비약

이어서 소개할 결론의 비약은 다시 두 가지 패턴으로 나눕니다.

첫 번째는 '마음 읽기(독심술)'입니다.

초능력자나 텔레패스(telepath, 텔레파시의 능력이 있는 사람_옮긴이)는 현실에는 있을 수 없는 가공의 것이므로, 인간은 타인의 마음을 읽을 수 없습니다. 하지만 사람은

'분위기를 파악한다'거나 '마음을 헤아린다'고 하여 마치 마음을 읽을 수 있는 듯한 착각을 합니다. 게다가 극단적으로, 부정적으로 마음을 읽으면 문제가 생깁니다.

다른 사람의 발언이나 행동의 일부분으로 그 사람이 어떻게 생각하는지 부정적으로 단정하고, 그것이 사실인지 아닌지 확인해보려 하지도 않는 사고 패턴입니다.

사람의 마음은 알 수 없는 것이라고 판단을 포기하는 것도 하나의 사고방식입니다.

마음 읽기에는 이러한 케이스가 있습니다.

회사의 상사에게 일의 경과를 보고했는데, 상사는 별로 관심을 갖지 않고 오히려 쌀쌀맞게 대하는 것 같다고 생각해버립니다. 그렇게 되면 '요즘 나는 미움받고 있구나' 하고 부정적으로 생각하고 일에 대한 동기부여를 잃어버립니다.

하지만 이 상사가 자신을 미워한다는 것은 확인할 수 있는 것이 아닙니다. 자신을 미워하는 게 아니라 좀 더 급히 처리해야 할 다른 안건에 정신이 팔려 있었던 것인지도 모르고, 가정 문제로 머리가 꽉 차 있는 것인지도 모릅니다. 게다가 긍정적으로 생각하자면, 상사는 자신의 능력을 신뢰하여 특별히 조언해줄 필요가 없었던 것 뿐인지도 모릅니다.

마음을 읽으려고 할 경우에는 부정적인 해석 방식과 긍정적인 해석 방식을 균형감 있게 갖는 게 중요합니다.

두 번째는 '예측의 오류'입니다. 예측의 오류는 근거도 없는데 부정적인 결론으로 한 발짝 먼저 건너뛰는 사고 패턴입니다.

누구도 알 수 없는 미래를 일방적으로 단정하여 '나는 이대로 누구와도 사귈 수 없어!' 하고 절망감에 몸부림쳐 봤자 얻을 수 있는 것은 없습니다.

적확하게 미래를 예측할 수 있는 신과 같은 사람은 이 세상에 존재하지 않습니다. 반대로 '자신의 미래는 고독 사밖에 없다'고 생각하는 사람은 미래를 바꾸려고 노력 하지 않을 것입니다.

미래의 일은 좀처럼 알 수 없습니다. 하지만 '이런 것 을 하고 싶다', '이렇게 되고 싶다'는 희망이 있으면 목표 를 향해 행동하고 미래를 가치 있는 것으로 만들어나갈 수 있습니다.

중요한 것은 미래의 결론으로 비약하지 않는 것입니

다. 한 달 후의 단기 목표, 반년 후의 중기 목표, 일 년 후의 장기 목표처럼 조금씩 나아지는 자신의 모습을 상상해보세요.

많은 사람 앞에서 프레젠테이션을 해야 한다면, 처음엔 한 사람 앞에서 연습하고 그다음은 다섯 명 앞에서 연습하고, 그다음은 열 명 앞에서 연습하는 등 단계적으로 잘해 나가는 모습을 그려보는 것이 좋습니다.

과대시와 과소평가

자신의 나쁜 점이나 실패 같은 부정적인 요소는 필요 이상으로 크게, 자신의 좋은 점이나 성공 같은 긍정적인 요소를 극단적으로 작게 생각하는 사고 패턴, 그것이 과대시와 과소평가입니다. '쌍안경의 트릭'이라고도 합니다.

자신의 좋은 면을 자기 멋대로 일그러뜨리고 없었던 것으로 만들기 때문에 자신의 가치를 느낄 수 없게 됩니다.

또한 타인의 경우에는 그 반대인데, 좋은 점이나 성공을 필요 이상으로 크게 생각하므로 타인에게는 가치가 있는 반면 자신은 무가치한 인간이라고 비하하는 일로 연결됩니다.

일이 순조롭게 진행되는데도 사소한 실수를 저지른 것만으로 '뭐야. 이걸로 다 끝장이다' 하고 생각하는 사고 패턴입니다. 그 전까지는 순조로웠기 때문에 일의 한 부분에서 실패했다 해도 그때까지의 모든 경험을 부정할 필요는 없습니다. 그냥 만회하면 되는 것입니다.

덧붙여 이 사례에서는 실패의 의미를 과대하게 받아들이기 때문에 '과대시'로 분류하고 있지만, 사소한 실패를 저지름으로써 지금까지의 일을 전부 실패했다고 생각한다면 앞에서 소개한 '모 아니면 도의 사고' 패턴에 해당합니다.

감정적인 단정

다음 인지의 왜곡 패턴은 '감정적인 단정'입니다.

이것은 감정을 근거로 모든 것을 일방적으로 단정 지어버리는 사고 패턴입니다.

감정이라는 것은 희로애락처럼 기쁨이나 분노, 슬픔이나 즐거움 같은 기분, 혹은 쾌감, 불쾌감 같은 기분입니다. 불안이나 공포도 감정입니다.

무섭다는 공포의 감정은 '무서우니까 위험한 것은 피하자'고 단정 지어 도망치게 만들기 때문에 즉각적인 판단으로 약육강식의 세계에서 살아남기 위해서는 분명 쓸모 있는 측면도 있습니다.

예를 들어 어떤 사람이 늑대처럼 큰 개를 보고 '무섭다'는 공포의 감정을 느꼈을 경우 '이렇게 무서운 느낌이 드니까 이 개는 틀림없이 굉장히 사납고 위험한 동물일 거야' 하고 일방적으로 단정 지어버리는 것, 그것이 감정적인 단정입니다.

하지만 이때 감정적인 단정을 내리지 않고, 그 사람이 그 큰 개에게 무섭다는 감정을 느끼면서도 '친하게 지낼 수 있을지도 모른다'고 생각하여 조금씩 다가가 서서히 익숙해진다면 그 사람과 개는 친구가 될 수 있을지도 모르는 것입니다.

이와 같이 무섭다는 감정을 느끼면서도 잠깐 멈춰 서서 일방적으로 단정 짓지 말고 냉정하게 생각하는 게 우리에게는 필요합니다.

해야만 한다는 사고

'○○을 해야만 한다', '○○을 해서는 안 된다' 하고 생각하는 사고 패턴이 '해야만 한다는 사고'입니다.

상식 같은 것에 사로잡혀 자신의 생각을 무시해버리는 사고방식입니다.

자신에 대해서뿐만 아니라 '그때 아버지는 화를 내면 안 되었다'는 식으로 타인에게 적용하는 경우도 있습니다. 그러면 '해야만 한다는 사고'를 적용시킨 타인에 대해 부정적인 인지와 부정적인 감정이 한 세트가 되어 생겨나는 경향이 있습니다. 즉, '아버지는 나를 싫어한다. 아버지가 밉다'는 식으로 생각하게 되고, 아버지와의 관계가 어색해져버리고 맙니다.

늘 '○○을 해야만 한다', '○○을 해서는 안 된다'고 생각하면 그 기준에 맞추려고 자신이나 타인을 몰아붙임으로써 무리하게 됩니다.

그 기준을 제대로 충족시키지 못한 경우에는 자신이나 타인에게 가치가 없는 것처럼 느껴 자기혐오에 빠지거나 암담한 기분이 되기 쉽습니다.

'나는 ○○을 해야만 한다'고 생각하기보다 '나는 ○○을 하고 싶다'고 생각하려 해보세요. 타인에 대해서도 '당신은 ○○을 해야만 한다'가 아니라 '나는 당신이 ○○을 해주면 기쁘겠다'고 자신의 마음을 담아 부탁하면 한결 마음이 편안해집니다.

딱지 붙이기

'딱지 붙이기'는 자신이나 타인에게 경직된 이미지를 붙여버리는 사고 패턴입니다.

대상에 대한 이미지를 고정화하기 때문에 모든 것의 다른 측면을 보지 못하게 됩니다. 다른 측면에서 보면 그 이외의 가치도 보일 텐데 하나의 가치밖에 느끼지 못하여 가능성을 좁혀버립니다.

예를 들어 실수를 저질렀을 때 '많은 사람 앞에서 긴장하는 인간은 무능하다'고 자신에게 부정적인 딱지를 붙여버리는 사고 패턴입니다. 스스로 붙인 딱지로 인해 생겨난 불안 감정에 사로잡혀 냉정한 판단을 할 수 없게 되어버리는 것입니다.

자기 관련성

마지막으로 소개할 사고 패턴은 '자기 관련성'입니다.

무슨 일이 생겼을 때 자신과는 관련이 없는 것이라 해도 그 결과의 책임이 자신에게 있다고 여겨 자신을 책망하는 사고방식입니다. 이렇게 되면 늘 자신이 혼나고 있는 듯한 기분이 들어 인생을 즐길 수 없습니다.

예를 들면, 도박에 빠진 남편의 행동을 아내가 자기 책임이라고 생각하여, '자신은 무능한 아내'라고 자신을 책망하는 경우를 꼽을 수 있습니다.

타인의 실패까지 자신의 책임이라고 생각하면 괴롭기만 합니다. 타인은 타인일 뿐입니다. 자신이 타인의 짐까지 짊어질 필요는 없습니다. 자신을 책망하기보다 어떻게 하면 문제를 해결할 수 있는지 생각하는 편이 건전하지 않을까요?

자기 관련성의 사고 패턴에 빠지면 늘 죄의식을 느끼고, 자기 평가도 낮아지게 됩니다.

잘못된 사고 버릇으로부터
벗어나는 법

지금까지 열 가지 사고 버릇에 대해 살펴보았습니다. '인지의 왜곡'이라고 하면 어렵게 들릴지도 모르겠지만 사소한 계기로 누구에게나 일어날 수 있는 심리 상태입니다.

열 가지 패턴 중 '내게도 이런 패턴이 자주 일어난다'고 생각할 만한 케이스도 몇 가지쯤 점검하지 않았을까 싶습니다. 이번 장의 마지막에서, 지금까지 소개한 패턴 중에서 누구에게나 일어날 법한 것을 사례와 함께 설명해보려고 합니다.

마지막에 열 번째 소개한 '자기 관련성'은 이미 익숙하다고 생각하는 사람도 많을지 모릅니다.

타인의 행동을 잠깐 보고 '그게, 나 때문이야?' 하고 무심코 생각하게 되는 자기 관련성을 그 해결법과 함께 자세히 살펴보도록 하죠.

사교 불안증 환자와 이야기하다 보면 자주 거론되는 게 손목시계 이야기입니다. 누군가와 이야기하고 있을 때 상대방이 손목시계를 쳐다보았다고 합시다. 그 모습을 보면 '이 사람은 벌써 나와 이야기하고 싶지 않구나' 하고 생각하는 경향이 있습니다. 이것이 '자기 관련성'입니다.

상대방이 손목시계를 보는 것은 그저 단순히 그 사람에게 손목시계를 보는 버릇이 있거나 혹은 약속이 빠듯했기 때문입니다. 하지만 인지 왜곡이 있는 상태에서는 '내 이야기가 시시해서 손목시계를 보는구나' 하고 자기 멋대로 생각해버리는 것입니다.

그 버릇에서 도망치는 방법은 '나와는 관계없다'는 새로운 인지로 자신의 사고를 덮어쓰기 하는 것입니다.

'상대방이 손목시계를 보는 것은 자신의 이야기가 시시해서다'라고 생각하는 사람은 그런 사고회로가 버릇이 되어 있기 때문입니다. 이제 그것이 인지의 왜곡임을 인식하고 상대방이 손목시계를 볼 때마다 '나와는 관계없다'고 생각하는 연습을 반복해보세요.

또한 사교 불안증과 비슷한 마음의 병 가운데 '자기취증(自己臭症)'이라는 병이 있습니다. 특히 젊은 사람에게 많은 증상으로, 자신의 체취나 구취를 상대방이 싫어하는 것은 아닐까 하는 생각이 비대화된 증상입니다. 망상이 되어버리는 사람도 있습니다.

우연히 체취나 구취를 신경 쓰는 사람과 만나 '혹시 나한테도 냄새가 나는 게 아닐까' 하고 생각하다가 자기 냄새 망상에 사로잡히는 것입니다.

극단적인 경우로, 지하철을 탔는데 옆 사람이 마스크를 하고 있으면 '나에게 나는 냄새 때문에 마스크를 하고 있는 것일지도 모른다'고 생각해버립니다.

옆 사람이 마스크를 한 것은 겨울이라면 인플루엔자를 대비한 것일 수 있고, 봄이라면 꽃가루 알레르기에 대한 대비일 것입니다. 게다가 자신이 지하철에 타는 시간에 맞춰 상대방이 미리 마스크를 하고 있는 것은 있을 수 없는 일입니다.

자기 관련성은 증상이 악화되면 다른 사람이 마스크를 하고 있는 것만으로 '내게서 냄새가 나기 때문'이라는 망상으로까지 번지는 경우도 있으므로 주의가 필요합니다.

상대방의 사소한 몸짓이라는 점에서는, 헛기침을 신경 쓰는 사람도 있습니다. 상대방이 헛기침을 하면 자신이 뭔가 신경에 거슬리는 짓이라도 했나 착각에 빠지는 것입니다만 헛기침은 보통 목의 상태가 안 좋을 때 하는 것이므로 신경 쓸 일이 아닙니다.

이것도 '상대방이 헛기침을 하는 것은 내 이야기가 재미없기 때문'이라고 생각해버린 순간 '나와는 관계없다'고 다시 생각하도록 평소 마음의 준비를 하고 있어야 합니다.

또 이러한 인지의 왜곡에 빠져 혼자 골똘히 생각하기 전에 다른 사람과 상담해보는 것도 좋은 방법입니다. 대부분의 사람들은 "그렇지 않다"고 말해줄 것입니다. 다른 사고를 확인할 수 있다면 안심으로 연결될 수 있습니다.

자신감을 회복하는
간단한 방법

인지행동요법에서는 실제로 다른 사람과 상담하여 다른 사고를 확인하는 기법을 시행하는 경우가 있습니다.

'여론 조사'라고 하면 부담스럽게 들리겠지만 다른 사람에게 물어보는 방법을 말합니다.

과거 세키구치 히로시 씨가 사회를 보았던 〈퀴즈 100인에게 묻다〉(TBS)라는 TV 프로그램이 있었는데, 그와 비슷하게 설문 조사를 하는 것입니다.

'나는 냄새가 난다'고 굳게 믿어버리면 굳이 100인에게 물어볼 필요는 없습니다만 다섯 명이나 열 명 정도에게 "내게서 냄새가 납니까?" 하고 물어봅니다.

"아뇨. 아무 냄새도 나지 않습니다." 하고 대답하면 일단 안심할 수 있겠죠. 다섯 명이면 다섯 명, 열 명이면 열 명 다 부정하므로 '나는 냄새가 난다'는 사고는 망상인 셈이 됩니다.

많은 사람의 의견이므로 큰 자신감도 얻을 수 있습니다. 조사 대상자 수가 단 한 명뿐이라면 우연히 "냄새가 나는 것도 같다"고 말하는 사람이 나타나 그것을 전부라고 생각하고 오히려 역효과가 날지도 모르므로, 다섯 명이나 열 명 정도, 어느 정도 인원수를 채워서 조사하는 편이 좋습니다.

다섯 명 가운데 한 명 정도는 여름이라 "약간 냄새가 나는 것도 같다"고 말할지 모르겠지만 그러면 탈취제를 칙 하고 뿌리고 다시 한 번 물어보세요. 이번에는 "냄새 나지 않는다"고 말해줄 것입니다.

다섯 명 가운데 네 명, 즉 80퍼센트의 사람이 "냄새 나지 않는다"고 말해준다면, 그걸로 괜찮은 겁니다. 프로야구 선수도 타율이 3할이면 일류라고 하니까 80퍼센트의 사람이 "냄새 나지 않는다"고 말해준다면 별문제는 아닌 겁니다. 모 아니면 도의 사고는 중단하는 것이 좋습니다.

다만 "나, 냄새 나지 않나요?" 하고 묻는 것은 제법 어려운 문제라고도 할 수 있습니다. 보통 사람 같으면 당연히 주저하겠죠. 어른이면서 낯가림이 있는 사람이라면 더욱 어려울지 모릅니다.

하지만 자기망상증에 사로잡힌 사람은 혼자만 골똘히 생각하다가 증상이 더욱 악화되므로 이것은 자신에게 꼭 필요한 치료라고 생각하고 부끄럽더라도 과감히 시도해보세요.

조사 상대인 다섯 명은 부모님이나 친한 친구 같은 편한 사람들 중에서 선택할 테죠. 틀림없이 당신에게 듣기 좋은 의견을 말해줄 것입니다.

얼굴을 마주 보고 듣는 게 곤란하다면 이메일이나 문자라도 상관없습니다.

최근 어느 환자분은 다섯 명에게 설문 조사를 해보기 위해 다음의 방법을 썼습니다. 본인이 직접 물어보는 대신 친한 친구를 통해 SNS에 '○○ 씨한테서 냄새가 난다고 생각하는가?' 물어봄으로써 간신히 다섯 명을 채웠습니다. 이것 역시 치료로는 문제가 없습니다.

낯가림이 있는 사람이라면 '내 이야기가 시시하지 않나요?' 하는 내용을 다섯 명 정도에게 물어봐도 좋을 것입니다. 틀림없이 '시시하지 않다'가 80퍼센트 정도는 될 것입니다.

여기에서는 자기 관련성 치료법에 대해 설명했습니다만 다른 인지의 왜곡 패턴도 비슷하게 치료할 수 있습니다. 인지의 왜곡 패턴을 기억해두면 인지 불안감을 느꼈을 때, '앗, 자기 관련성이다!' 하고 눈치채고 그 패턴에서 도망칠 수 있습니다.

그러다 보면 사소한 일로 불안해졌을 때 '이건 ○○ 패턴이다' 하고 곧바로 떠올릴 수 있게 되겠죠.

편한 상대의 행동에서 비관적인 망상을 품게 되면 '이건 자기 관련성 인지 왜곡 패턴이다!' 하고 곧바로 간파하게 되고, '신경 쓰지 말자'며 쉽게 넘어갈 수 있게 됩니다.

번즈가 분류한 이 열 가지 사고 패턴은 전 세계에서 활용되고 있습니다. 중복되거나 유사한 항목도 있습니다만 자신은 어느 사고에 빠지기 쉬운지 파악해두는 것은 낯가림으로부터 탈피하기 위해 중요합니다.

　다음 3장부터는 낯가림에서 탈피할 수 있는 구체적인
기술을 알려드리겠습니다.

3장

낯가림을 줄여주는 처방전

불안 미터기를
작동시킨다

이번 장에서는 낯가림으로부터 탈피하기 위한 구체
적인 기술에 대해 살펴보겠습니다.

갑자기 모든 것을 익히는 것은 어려울 테니 조금씩 실
천해나갑시다. 모두 가볍게 할 수 있는 것들이니 일상생
활 속에서 시험해보세요.

조금이라도 불안이 줄어들어 '낯가림이 가벼워졌다'고
느낀다면 그 기술은 당신에게 '효과가 있는' 것이 되겠죠.

첫 번째는 자신의 불안을 알고 냉정히 수치화하는 기

술입니다. 문제를 개선하기 위해서는 우선 문제가 어디 있는지 아는 것이 중요하므로 이것은 모든 기술 중에서 가장 기초적인 것에 해당합니다.

자신이 어느 정도의 불안을 품고 있는지 파악하는 것은 누구에게나 처음에는 어려운 일입니다. 하지만 훈련해가면서 간단히, 그리고 재빠르게 할 수 있게 되므로 초조해할 필요는 없습니다.

'불안 미터기'를 의식한다

불안을 조절하기 위해서는 우선 자신이 불안을 느낀다는 사실을 아는 게 중요합니다.

불안을 수치화함으로써 불안의 강약을 대충 파악할 수 있습니다. 얼마나 불안한지, 0점부터 100점까지 점수를 매겨보세요. 100점이 가장 강한 불안이고 0점은 아무렇지 않은 상태입니다.

'아, 지금 불안한 상태구나' 하고 생각되면 10점에서 서서히 올라가 20점, 30점, 50점…… 70점, 80점……이 되듯이 자신의 불안을 점수로 매기는 게 첫 번째 훈련입니다.

점수를 매기는 데 특별한 기준은 없습니다. 자신만의 기준이라도 상관없습니다. 과거의 경험에 비추어 대충 지금은 100점 만점의 중간이므로 50점 정도가 아닐까 생각하면 되는 것입니다.

온도계를 상상해보아도 좋습니다. 당연히 올라가거나 내려가겠죠. 그것을 자기 내부의 센서로 매번 점수를 매기며 스스로 인식하는 것입니다.

예를 들어 불안 점수가 80점까지 오르면 위험 수위에 들어섰으니까 조심하자고 스스로 결심하면 됩니다. 부정적인 인지의 왜곡에 빠지기 쉬운 상태이므로 비약된 결론이나 감정적인 단정을 내리지 않도록 주의하세요.

반대로 불안의 점수가 줄어든 상태에서는 가능한 한 긍정적인 생각을 하도록 하세요.

불안의 점수가 낮은 장소에서는 다른 사람을 찾아 말을 건네거나 수다를 떨면, 설문 조사로 자신감을 회복하는 경우에서 시험했듯이 인지의 왜곡이 수정됩니다.

불안이 높아지더라도 잠깐 심호흡을 하는 등 브레이크

타임을 만듦으로써 불안의 점수를 낮출 수도 있습니다.

심호흡뿐만 아니라 긴장을 이완시킬 수 있는 방법을 몇 가지 정도 갖고 있어도 좋습니다.

음악을 좋아하는 사람이라면 음악을 듣습니다. 향을 피우거나 커피 등을 마시면 마음이 가라앉는 사람도 있을 테고, 초콜릿을 씹으면 기분전환이 된다는 사람도 있을 겁니다. 다만 초콜릿을 너무 많이 먹거나 커피를 너무 많이 마시면 좋지 않으니까 적당히 섭취해야겠죠.

15분의 끙끙대는 시간을 '만끽'한다

중요한 회의가 가까워지고, 많은 사람 앞에서 프레젠테이션을 해야만 한다. 실패는 절대 허용되지 않는다(하고 착각하기도 하고요). 온통 거기에만 정신이 팔려 불안의 미터기가 좀처럼 내려가지 않는다.

이럴 경우에는 의식적으로 그냥 불안에 푹 젖어버리는 '끙끙대는 시간'을 만들어도 괜찮습니다. 시간은 15분 정도가 좋습니다. 머릿속에 떠올릴 내용은 걱정거리의 리허설로 채웁니다.

그 일에 대한 프레젠테이션이 성공할지 실패할지를 머릿속에서 리허설할 때 최악과 최선 두 가지 패턴에 대해 생각해보세요.

목소리가 전혀 나오지 않아 아무 말도 못하는 최악의 시나리오가 떠오를지도 모르겠지만 반대로 깔끔하게 끝내고 큰 칭찬을 받는 최선의 시나리오도 상상할 수 있습니다. 5분 동안 최악의 시나리오, 또 5분 동안 최선의 시나리오를 생각해보세요.

하지만 현실은 그 중간 정도가 되는 경우가 많습니다. 나머지 5분 동안 최악의 시나리오와 최선의 시나리오 두 경우 모두를 상상해두면 그 이상은 더 생각해봤자 아무 소용없습니다.

머릿속으로 하는 리허설은 오랫동안 반복하고 많이 하는 편이 좋다고 생각하는 분도 있을 테지만 걱정거리는 아무리 생각해도 결론이 나지 않고 오히려 불안만 높아지는 경우가 더 많습니다.

불안이 높으면 인지의 왜곡을 만들어내기 쉬우므로 정작 일을 처리하려 할 때 악영향을 초래합니다.

하루 15분, 최악과 최선의 걱정거리에 관한 리허설을 하고 나면 그 후로는 더 이상 그 생각을 하지 않게 됩니다. 그냥 처리해야 할 걱정거리로 뛰어들어보세요.

또 15분의 끙끙대는 시간을 가질 때 중요한 것은 머릿속에 떠오른 내용을 종이에 쓰는 일입니다.

머릿속으로 이런저런 온갖 생각을 해봤자 잘 정리되지도 않고 그저 다람쥐 쳇바퀴만 도는 상황이 되기 쉽습니다. 그럴 때는 머릿속에 떠오른 내용을 번호를 매겨 종이에 쓰면 깔끔하게 정리도 되고 무의미한 쳇바퀴도 방지됩니다. 최악의 경우와 최선의 경우를 종이에 적어보세요.

타이밍도 중요합니다. 실수로라도 해서는 안 될 때가 취침 전입니다. 잠들기 전에 이불 속에서 이것저것 생각하느라 흥분하여 잠이 달아나고, 그래서 불면증에 걸리는 사람도 더러 있습니다.

15분 정도만 끙끙대고 그만둬야 할 일을 하루에 한 시간이고 두 시간이고 하는 사람은, 그 시간을 시급으로 환산했을 때 얼마가 손해인지 생각한다면 짧게 끝낼 수 있을 겁니다.

만약 세 시간 동안 끙끙댔다면 시급 1만 원으로 치고

3만 원을 손해본 것입니다. 그렇게 생각한다면 돈이 아까워서라도 되도록 빨리 마무리하겠다는 발상을 자연스럽게 하게 됩니다.

오랜 시간 고민해봤자 시간만 낭비하고 생각이 부정적인 방향으로 향하면 당연히 건강에도 좋지 않습니다.

정해놓은 시간 동안 충실히 끙끙댈 수 있다면 남은 시간 동안은 좀 더 생산적인 활동에 소비해보세요. 그러면 좀 더 가치 있는 인생으로 변하게 될 것입니다.

주의를 다른 것으로
옮겨본다

낯가림이 있는 사람은 자신이 어떻게 보일까 하는 불안과 직결된 생각을 늘 품고 있습니다. 자신의 얼굴이 빨갛지는 않은지, 손이 떨리고 있지는 않은지, 목소리가 떨리고 있지는 않은지, 표정이 굳어 있지는 않은지, 동작이 어색하지는 않은지…… 이런 식으로 자신이 어떻게 보일까 하고 늘 신경 쓰며, 거기에 주의를 기울입니다.

즉, 자신에게 너무 신경 쓴 결과 불안이 높아지게 됩니다. 그리고 불안이 높아지면 몸이 반응하는 것은 생리 현상이므로 더욱더 얼굴이 빨개지거나 목소리가 떨리는 악순환에 빠집니다. 그럴 때는 주의를 다른 것으로 돌리는 연습을 하면 됩니다.

제가 환자에게 권하는 연습으로, 진찰실의 달력 그림을 보여주는 것입니다.

달력에 어떤 그림이 그려져 있는지, 마치 라디오 아나운서가 된 것처럼 보이지 않는 사람에게도 쉽게 알 수 있도록 설명해달라고 말하는 것입니다.

4월 같으면, "곰이 어린아이들과 꽃구경을 하고 있습니다", "주먹밥을 들고 있는 여우와 돼지도 있습니다", "두더지도 얼굴을 내밀고 있습니다"와 같은 실황 중계를 하는 동안에는 자연스럽게 주의가 달력 그림으로 향하지 않을 수 없기 때문입니다.

달력의 그림과 같은 사물 실황 중계를 할 수 있게 되었다면, 이번에는 타인에게 주의를 돌려 실황 중계를 하는 연습입니다. 둘이 마주 보고 있을 때, 환자분에게 "오늘 제 옷차림은 어떤가요?" 하고 질문을 합니다.

그러면 "검은 플리스 재킷을 입고 있고, 그 속에 핑크색 버튼다운 셔츠를 입고 있으며, 안경을 쓰고 있고, 머리카락은 까맣고 짧다……"는 식으로, 눈에 띄는 특징을 자연스럽게 실황 중계하게 됩니다.

환자분에게는 먼저 타인인 나를 관찰하게 한 다음, 자신에게 주의를 돌려 자신은 어떻게 보일지를 생각하게 합니다.

그리고 또다시 나를 주목하게 하고 다시 한 번 내가 어떤 옷차림을 하고 있는지 실황 중계를 하게 합니다. 진찰이 끝난 후 집에 돌아가고 나서도 내가 어떤 차림이었는지 설명할 수 있게끔 주의 깊게 관찰하도록 만듭니다.

이것을 '주의의 이동'이라고 하는데, 환자분이 자신과 타인 사이에서 주의를 자유자재로 이동할 수 있게 하는 것입니다.

주의 이동을 할 때 의식해야 하는 것은 경찰관이나 탐정이 되었다는 생각으로 상대방 외모의 특징을 꼼꼼히 기억하도록 하는 것입니다.

인간이 불안해지는 것은 남들이 나를 어떻게 생각할까 하는 것에 신경이 쓰이기 때문입니다.

하지만 상대방의 얼굴을 잘 기억하는 것이 더 중요하다는 식으로 의식이 바뀌면 자신에 대해 신경 쓰는 일이 줄어둡니다. 그러다 보면 자연스럽게 불안이 저하됩니다.

주의의 이동에서 가장 좋은 연습은 지하철을 타고 그 차량에 탄 사람들 얼굴을 전체가 아니더라도 상관없으니까 최대한 기억하는 것입니다. 낯가림이 심한 사람은 전철 안에서 모르는 사람의 얼굴을 보면 눈이 마주칠 것 같아서 두려워하는 경우가 있습니다.

하지만 지하철 안에서 실제로 해보면 스마트폰을 보고 있는 사람이 정말 많다는 걸 알 수 있습니다. 스마트폰을 들여다보고 있는 사람은 주위를 신경 쓰지 않기 때문에 내가 잠깐 바라보는 정도로 눈이 마주치는 일은 없습니다. 그리고 가끔 책을 보거나 개중에는 손잡이 위의 광고를 보는 사람도 있습니다만 앞을 향하고 있는 사람은 거의 없습니다.

실제 인간을 상대로 관찰하는 작업이 아무래도 긴장된다면 텔레비전으로 먼저 연습해보는 것도 좋습니다.

텔레비전에 출연하는 사람은 아무리 찬찬히 관찰해도 화내지 않습니다. '이 예능인은 이런 얼굴을 하고 있었구나', '점이 있었네', '웃으니까 보조개가 생기네', '헤어스타일이 이랬구나' 하는 식으로 얼굴을 기억할 수 있을 만

99

큼 연습을 하며 요령을 붙이고 나서 지하철에서 해보는 것입니다.

그러고 나서 다른 사람과 만날 때마다 나중에 초상화를 그릴 수 있을 정도로 관찰하는 버릇을 들이도록 합니다.

중요한 것은, 당연히 초상화를 잘 그리는 게 아니라 상대방에게 주의를 기울이는 것입니다. 그 결과로 자신에게 신경이 쓰이더라도 침착하게 상대방에게 주의를 옮기고, 결국 불안을 저하시킬 수 있게 됩니다.

외부의 소리에 귀를 기울인다

앞에서는 시각의 주의를 상대방에게 향하는 것에 대해 말했지만 청각에 대해서도 마찬가지라 할 수 있습니다.

청각도 '자신의 목소리가 떨리고 있지는 않을까' 하고 자신의 목소리에 신경 쓸 게 아니라 '상대방의 목소리가 어떤가' 하는 것으로 주의를 돌리는 겁니다.

처음 얼마 동안은 다음을 연습합니다. 방의 창문 밖에서 어떤 소리가 나는지, 방 안의 컴퓨터 팬이 돌아가는 소리, 에어컨 소리, 문 밖에서 누군가가 걸어가는 소리 등 그러한 외부의 소리에 주의를 기울이게 하고 나서 다시 자신의 목소리에 주의를 돌리게 합니다.

사람이 자신에게 신경 쓰는 것은 어쩔 수 없는 일입니다. 자의식 과잉이 되는 경우는 누구에게나 있습니다. 그러므로 자신에게 절대 주의를 기울여서는 안 된다고 말할 수는 없습니다.

사교 불안증인 사람들뿐만 아니라 많은 사람 앞에서 이야기할 때 자신이 어떻게 보일지 생각하는 것은 이상한 일이 아닙니다.

반대로 자신이 어떻게 보일지 전혀 신경 쓰지 않으면 몸가짐이 엉망이 되어버릴 테니까 어느 정도 자신에게 주의를 기울이는 것은 필요한 일이라고도 할 수 있습니다.

그 주의가 자신에게만 너무 치우치는 게 문제인 것입니다. 자신뿐만 아니라 상대방에게도 주의를 기울여 균형감을 가졌으면 좋겠습니다.

나쁜 기억은
좋은 기억으로
갱신한다

제가 전문으로 하는 인지행동요법보다 오스트리아 정신의학자 지그문트 프로이트가 앞서 창시한 정신분석요법이라는 방법이 있습니다.

인지행동요법은 현재와 미래를 다루고, 정신분석요법은 과거를 주로 다루는 것으로 대략 분류하고 있습니다. 하지만 최근의 인지행동요법은 과거의 기억도 다루고 있습니다.

트라우마란 번역하자면 심적 외상, 즉 '마음의 상처'

입니다. 트라우마는 정신의학적으로는, 생사와 관련한 사건으로 인해 생긴 마음의 상처를 가리킵니다. 지진이나 화재 같은 천재지변부터 사고나 사건 같은 인재 때문에 생긴 마음의 상처입니다. 사고 이후 재해 때 생긴 과거의 기억이 플래시백으로 머리에 떠오르고, 지금 현실에서 일어난 듯한 공포를 느껴 괴로워하는 마음의 병을 PTSD(Post Traumatic Stress Disorder)라고 합니다.

제게 찾아오는 환자분들 중에도 틀림없이 과거 인간관계에서 생긴 마음의 상처, 넓은 의미로 말하면 트라우마에 시달리는 사람이 많습니다.

그렇다면 이를 어떻게 치료해야 할까요? 그것은 과거와 현재를 구별할 수 있도록 정리하고 기억을 갱신하는 것입니다.

과거의 기억에 묶여 있는 분이 많습니다만 정말 그 과거의 기억이 절대적인 것인가 하면 사실 그렇지가 않습니다.

기억에 관한 연구에 따르면 인간의 기억이 상당히 무책임한 것임을 알 수 있습니다. 오히려 자신에게 유리하도록 기억하고 있다고까지 말할 수 있죠. 엘리자베스 로

프터스(Elizabeth F. Loftus)라는 유명한 심리학자도 '가짜 기억을 심어놓았다'라는 주제를 연구하고 있습니다.

로프터스가 말한 '가짜 기억'의 연구에 따르면 어린 시절 개에게 물린 경험이 없어도 이야기를 하는 동안 두 명중 한 명 정도는 자신이 어린 시절 개에게 물렸다고 기억을 교체해버린다고 합니다.

그 정도로 인간의 기억은 자유자재로 변하고 무책임한 부분도 있기 때문에, 자신을 괴롭히는 실패의 기억도 진정한 의미에서는 좋았다는 식으로 다시 해석하여 나쁜 이미지를 좋은 이미지로 갱신할 수 있습니다.

'피크 엔드의 법칙'으로 기억을 조작

기억의 갱신에 대해 또 하나 다른 설명을 해보겠습니다.

2002년 행동경제학이라는 새로운 연구 분야를 개척하여 노벨경제학상을 수상한 대니얼 카너먼(Daniel Kahneman)이라는 심리학자가 있습니다. 카너먼은 '피크 엔드의 법칙'이라는 개념을 주장했습니다.

'피크 엔드의 법칙'이란 통증과 같은 괴롭고 싫은 기억은 피크(정점) 때와 엔드(종료) 때의 '고통' 비율로 결정된다는 것입니다.

대장내시경 검사는 10분 정도 계속하는데, '피크 엔드의 법칙'에 따르면 검사 종료 후에 남은 통증의 기억은 10분 동안 경험한 모든 통증의 합계가 아니라 통증의 정점과 마지막 통증 부분의 평균으로 결정되는 것입니다.

그러므로 마지막에 내시경을 뺄낼 때 통증이 수반되지 않도록 최대한 부드럽게 처리하면 그 과정이 어느 정도 아팠더라도 훗날 되돌아보았을 때 비교적 아프지 않았다고 기억하게 되는 것입니다.

반대로 마지막에 내시경을 난폭하게 빼내어 격렬한 통증을 느꼈다면 검사하는 과정에서 별로 아프지 않았더라도 그 검사는 아팠기 때문에 두 번 다시 받고 싶지 않다고 기억하게 됩니다.

인간관계에서 실패했을 때도 그와 마찬가지로 피크 때와 엔드 때의 기억밖에 남지 않습니다.

예를 들면, 학창 시절 수업 중 반 아이들 앞에서 수행한 발표가 대실패를 했다고 쳐봐요. 그 발표가 모두의 비웃음을 사서 정말 수치스럽게 끝난 사람은 그것이 강한 트라우마가 되어 두 번 다시 사람들 앞에서 발표하고 싶지 않다는 생각에 사로잡히게 됩니다.

하지만 기억을 거슬러 올라가 주변 사람들에게 다음의 말을 들은 기억을 떠올려보세요. 선생님이 "그렇게 나쁜 발표는 아니었다"고 말해주었거나, 사이가 좋았던 친구가 "나는 괜찮았던 것 같아" 하고 격려해주었고, 집에서 아버지와 어머니에게 말했더니 "그런 정도로 웃다니 말도 안 돼" 하고 옹호해주는 등 모두가 여러모로 지지해주었던 기억이 남아 있기도 할 것입니다.

물론 실패한 것은 사실입니다. 하지만 거기에서 기억을 끝내버릴 것이 아니라 기억을 연장하여 그 후 칭찬 받았던 것을 자신의 내부에서 강조하고 '마지막(엔드)은 그다지 나쁘지 않았다'는 식으로 기억을 갱신하는 것입니다.

영어로는 이것을 '리스크립팅(rescripting)'이라고 합니다. 리스크립트는 '각본을 다시 쓴다'는 의미입니다.

각본과 마찬가지로 기억 역시 자유롭게 바꿔 써도 되는 것이죠.

애당초 바꿔 쓸 만한 좋은 기억이 남아 있지 않다는 사람도 있을 겁니다. 그런 경우에는 자신이 바라는 각본을 지금부터라도 다시 추가하면 됩니다.

어릴 적 자신이 교과서를 읽다가 턱 막혀버리는 바람에 교실 전체가 조용해진 기억이 있다고 해보세요. 모두가 키득키득 웃으며 "야, 찌그러져" 하는 야유가 날아오는 장면에서 기억이 끝났다면 지금의 자신이 당시 교실로 들어가 당시의 자신을 도와주는 것입니다.

"웃지 마" 하고 말하며 어린 시절의 자신을 감싸주거나, 선생님에게도 "애들이 웃지 않도록 주의를 주세요" 하고 제안해보는 겁니다.

이처럼 '이랬으면 좋았을걸' 하는 것을 자기 마음대로 실현시키는 방향으로 대담하게 각본을 만들어보세요.

기억은 절대적인 것이 아니기 때문에 좋은 기억을 억지로 심다 보면 신기하게도 '그랬을지도 모르겠다' 하고 생각하게 됩니다.

그럼으로써 누군가가 곤란해지는 경우도 없어지고, 자신의 인생에 플러스가 된다면 그것은 허용하면 됩니다.

작지만 좋았던 일을
세 가지 적는다

다음으로는 마음의 필터를 제거하고 긍정적인 것을
발견하는 기술입니다.

낯가림이 있는 사람은 아무래도 부정적인 측면만 보는
경향이 있지만 연습에 따라서는 긍정적인 것을 발견할
수도 있습니다. 그 결과 인지의 편중도 균형감을 되찾게
되고 낯가림도 줄어듭니다.

긍정의 심리학을 주장한 미국의 마틴 셀리그먼(Martin
Seligman) 교수는 '세 가지 좋은 것(Three Good Things)'이

라고 하여, 잠들기 전에 세 가지 좋은 것을 쓰면 행복도가 올라갈 가능성이 있다고 했습니다.

우리는 세 가지 좋은 것을 다시 ① 할 수 있었던 것 ② 즐거웠던 것 ③ 감사한 것으로 나누고, 작지만 좋았던 것을 찾아보도록 하고 있습니다.

저는 이러한 세 가지 긍정적인 것을 찾아내는 연습을 '긍정적인 연습', 줄여서 '긍정 연습'이라고 부르며, 5분 동안 할 수 있는 인지요법, 즉 마음의 건강 만들기로 권유하고 있습니다.

긍정 연습이란 점수를 쌓는다는 느낌으로 하루에 사소하지만 좋았던 것을 적어도 되지만, 가능한 한 세 가지 정도를 골라 종이에 적어보는 것인데, 정말 간단합니다. 하루를 끝마칠 시간에 '오늘 무슨 좋은 일이 있었지?' 하고 자문해보고 '아무것도 없었어'가 아니라 어떤 사소한 것이라도 좋으니까 어떻게든 떠올려보게 합니다.

치바 대학이 개발한 초등학교 고학년 대상의 불안 인지행동요법 프로그램 '용기 있는 자의 여행'에서는 '긍정 연습'과 유사한 방법으로 '할 수 있었던 것(mastery)', '즐거웠던 것(pleasure)' 이 두 가지의 좋았던 것(영어 이니셜을

따와 MP법과 인지요법으로 부르고 있습니다)을 '미러클 포인트'라고 부르며, 어린아이들에게 매일 사소하지만 좋았던 것을 찾아내도록 하고 있습니다.

긍정 연습을 매일 하면 '오늘 누구를 만나 싫은 소리를 들었다'라는 부정적인 일만 보는 게 아니라 '오늘 인사를 받았다'와 같은 긍정적인 일을 찾아냄으로써 매일이 즐거워집니다.

마음이 통하는 동료와 만나거나 손님에게 친절한 미용실이나 편의점 등에 들렀다가 상냥한 대접을 받으면 '오늘은 친절한 대접을 받았다', '웃는 얼굴로 종업원과 이야기했다' 같은 미러클 포인트가 계속 쌓여갑니다. 그러다 보면 다음 단계에서 잘 모르는 사람에게도 말을 건네볼 용기가 생깁니다.

사소한 것일지라도
나를 칭찬해준다

긍정 연습의 기본적인 사고방식은 작은 행복을 발견하는 것입니다. 그다음으로 자신을 칭찬해주는 것도 중요합니다. 자신을 칭찬해줄 수 없는 사람은 칭찬하는 연습을 해보세요.

다만, 자신에게 엄격한 사람은 자신을 칭찬하거나 자신에게 친절하면 긴장이 풀려 자신이 점점 추락해가고 무능한 인간이 되어버리지나 않을까 두려워하는 경우가 있습니다. 그것은 '모 아니면 도의 사고'나 '지나친 일반화' 같은 인지의 왜곡 탓이므로 낯가림이 있는 사람은 그렇게까지 걱정하지 않아도 됩니다.

아무리 사소한 것이라도 가능하다면 칭찬해주는 연습을 하면 좋습니다. 예를 들어 양치질을 한 후에는 '양치질을 해서 대단하다' 하고 자신을 칭찬해보세요. 산책을 하고 난 후에는 '산책을 해서 대단하다' 하고 자신을 칭찬해줍시다. 하는 게 당연한데 왜 칭찬을 하나, 이런 생각은 버리세요.

낯가림이 있는 사람은 칭찬의 기준을 너무 높게 설정해놓기 때문에 좀처럼 자신을 칭찬하지 않습니다. 하지만 현재 상태의 자신을 평가할 수 없다면 불안 역시 낮출 수 없습니다.

자신을 칭찬하는 것과 관련하여 '오페란트 조건부여(operant conditioning)'라는 이론을 소개하겠습니다. 오페란트 조건부여는 행동요법의 기본적인 학습 이론으로, 보수(혹은 벌)에 반응하여 자발적으로 어떤 행동을 늘리도록(혹은 줄이도록) 학습하는 것입니다.

간단히 말하면 당근과 채찍입니다. 사자에게 불타는 고리를 통과하게 만드는 서커스의 트레이너는 사자가 불의 고리를 통과하면 먹이를 주어 칭찬하고 그렇지 못하면 채찍으로 때려 훈련시킵니다. 이것을 자신에게 하는 것입니다.

좋은 행동을 더욱 신장시키고 싶다면 거기에 대해 스스로 보수를 줍니다. 사교 불안증인 사람은 늘 자신을 벌하는 버릇이 있으므로 이것은 하지 않아도 됩니다.

아무리 사소한 것이라도 좋은 일을 하면 철저히 자신을 칭찬해주세요. 어린아이의 예의범절도 기본적으로는 칭찬을 통해 신장됩니다.

뭔가를 습관화할 때 매번 '나는 정말 대단해' 하고 칭찬해주지 않으면 다음번의 동기부여로 연결되지 않기 때문입니다.

또 하나, 평소 자기 긍정감을 높이는 기술을 가르쳐드릴게요. 그것은 자신이 가장 잘 나온 사진을 가까이에 두거나 늘 지참하는 것입니다.

사진을 찍으면 자신은 늘 잘 나오지 않는다고 생각하는 사람이 적지 않습니다. 하지만 수많은 사진 중 잘 찍힌 사진이 몇 장쯤은 있을 것입니다. 또는 사진을 잘 찍는 사람이나 전문가에게 사진을 부탁해도 좋습니다.

잘 찍힌 사진을 늘 가지고 다니면 자기 이미지가 향상됩니다. 특히 사교 불안증과 별개로 '추형(醜形) 공포'를 경감하기 위해서도 효과적인 수단입니다.

'추형 공포'는 간단히 말하면 자신의 외모가 좋지 않거나 추하다고 여기는 공포증입니다. 타인이 보면 보통인데 자신은 추하다고 생각해버리는 경우입니다. 거울로 자신의 외모를 보며 안 좋은 부분만 찾는 행동의 편중 때문에 그렇게 되어버리는 것입니다.

개중에는 미용 성형외과 의존증에 걸리는 사람도 있습니다. '미용 성형으로 눈두덩을 고치면 코도 고쳐야만 해' 하고 안 좋은 방향으로 몰두할 게 아니라 올바른 거울로 올바른 자신을 보았으면 좋겠습니다.

최근에는 눈을 약간 크게 하거나 피부를 하얗게 해주는 스마트폰 어플리케이션이나 컴퓨터의 소프트웨어가 있습니다. 그런 것을 사용하여 자신을 약간 멋있고 예뻐 보이게 만든 후 그것을 보는 것만으로도 기분이 좋아져 우쭐해하는 자신을 칭찬해줘도 좋습니다.

다른 사람의 관점으로
다르게 생각해본다

사고방식의 균형감각을 유지함으로써 사람은 변합니다. 이를 위해 자신 이외의 시점에서 생각해보는 것은 중요합니다.

사실 관계를 떠나서 일종의 훈련이라고 생각하고, 누군가 다른 사람의 처지에서 생각해봅시다.

사교 불안증인 사람은 과거의 트라우마가 되었던 사건 때문에 한 가지 견해밖에 지니지 못하므로 타인의 시점을 갖는 게 중요합니다. 다른 사람의 시점으로 생각해보면 세계관도 변합니다.

앞서 소개한 설문 조사에서 다섯 명의 이야기를 들어보고 '이 사람 생각이 좋다'고 생각했다면 다음번에도 그 사람은 어떻게 생각할까, 하고 늘 버릇처럼 되새겨보는 게 좋습니다.

다른 생각을 할 때는 단순히 문법적으로 반대를 만들어보면 좋은 경우도 있습니다.

'이 사람은 나를 싫어한다'고 생각되었을 경우에는 '싫어하지 않는다'는 식으로 긍정문을 부정문으로 만들면 되는 것입니다. 이것은 간단해서 어디에든 응용할 수 있습니다.

'나는 틀렸어' 하는 생각은 '나는 틀리지 않았어' 하고 정반대의 생각으로 바꿀 수 있습니다.

좀처럼 다른 사고방식을 가질 수 없다고 말하는 환자분께는 '재판정'을 상상해보도록 권유합니다.

당신은 피고인입니다. 우울증이나 사교 불안증인 사람은 검사로부터 '당신은 미움받고 있다', '당신은 몹쓸 인간이다' 하고 질책받고 있는 상태입니다.

검사의 말만 듣다 보면 힘들어지겠지만 재판인 만큼

변호사도 있습니다.

'이 사람은 미움받고 있지 않습니다', '그렇게 몹쓸 사람은 아닙니다', '유능한 구석도 많습니다' 등등 당신에게 유리한 발언을 해줄 것입니다.

불안 미터기가 높이 올라갈 때는 검사만이 일방적으로 강경하게 말하는 상태이므로 변호사가 있다면 뭐라고 말해줄까 하고 상상해보세요.

검사가 '당신은 미움받고 있다. 그래서 지난번에 야단을 맞지 않았나' 하고 증거를 제출하면 변호사도 '아니, 지난번에 후배의 상담 상대가 되어주었다.', '업무 마무리도 제대로 했다' 하고 반증을 제시할 겁니다.

자기 내부에 있는 변호사의 노력에 따라 재판관이 정상을 참작해줄 것이고, '이번에는 집행유예'라는 판결을 자신의 내부에서 이끌어낼 수도 있을 것입니다.

잘 듣는 것부터
시작한다

이제부터는 좀 더 구체적으로 커뮤니케이션을 원활히 하는 방법을 제시하고자 합니다.

우선, 다른 사람의 이야기를 듣는 기술입니다.

낯가림이 있는 사람이 능수능란한 화술을 완전히 익히기에는 약간 어려움이 있으므로 우선은 잘 들을 수 있는 것부터 시작합시다.

다른 사람의 이야기를 잘 듣는 요령은 역설적이긴 합니다만, 잘 들으려고 생각하지 않는 것입니다. 말하는 게

서툴고 듣는 것도 서툰 것은 상관없으니까 일단 대화의 자리에 있는 것이 중요합니다.

텔레비전을 보다 보면 틀림없이 말을 잘하는 사람, 잘 듣는 사람들이 많습니다. 〈데쓰코의 방〉(TV아사히, 일본의 여배우 구로야나기 데쓰코가 일본의 민영 텔레비전 방송국 TV 아사히에서 1976년부터 진행을 맡고 있는 토크 프로그램_옮긴이)의 구로야나기 데쓰코 씨의 말을 듣고 있으면 '나는 도저히 이렇게 할 수 없어' 하고 생각할지도 모르겠지만 그 정도의 회화 달인까지 요구하는 것은 아닙니다.

자기계발 분야의 도서에서는 대화를 잘하고 싶으면 리액션을 잘하라고 쓰여 있는 경우가 많습니다만 저는 '적당히' 할 것을 권합니다. 리액션은 너무 지나쳐도 좋지 않고 반대로 너무 인색해도 좋지 않습니다. 다만 이렇게 말하면 사람들은 "그럼 어떻게 하면 좋을까요" 하고 반문합니다. 그래서 잘하려고 하지 않는 게 핵심 포인트가 되는 것입니다.

긴장한 상태에서 적절한 대꾸를 하려고 하면 기회를 엿보다가 어디에서 맞장구를 쳐주면 좋을지 알 수 없게 되고 마는 것입니다.

처음에는 서툰 맞장구나 서툰 리액션이라도 상관없습니다. 일단 해보는 것이 중요합니다.

그보다 상대의 이야기를 듣는 데 주의를 기울여주세요. 자신의 반응에만 신경 쓰다 보면 다른 사람의 이야기를 듣지 못하게 됩니다.

자신에게만 신경 쓰다가 '방금 이 말에 제대로 맞장구를 쳐줄 수 있을까?' 하고 생각하여 불안해지고 맙니다.

오히려 상대방이 어떤 식으로 맞장구를 쳤는지, 상대방이 어떤 리액션을 했는지 그것을 살피는 편이 좋습니다. 상대방의 이야기에 공감하거나 재미있다고 생각했다면 따라 해봐도 됩니다.

그 외에는 상대방의 몸짓을 보고, '이 사람은 손을 잘 움직이는 사람이구나', '고개를 자주 갸웃거리는 사람이구나' 하는 것에 주의를 기울입니다. '손을 움직이거나 고개를 갸웃거리는 것은 나를 싫어해서인가?' 하고 생각하게 되면 다시 자신을 신경 쓰는 것이므로, 그런 부정적인 사고방식은 하지 않는 편이 좋습니다. 어디까지나 상대방에게만 주의를 기울여주세요.

상대방의 몸짓이 신경 쓰이면 '그런 버릇이 있는 사람인가' 하는 식으로 자연스럽게 관찰하는 게 포인트입니다.

대부분의 대화는 시시하다

그럼 상대방의 이야기가 재미없다, 혹은 자신의 이야기가 재미없다고 느끼면 어떻게 해야 할까요?

그 전에 한 가지 주의해야 할 사항이 있습니다.

대화의 90퍼센트는 재미없다는 사실입니다.

대개의 사람은 이야기의 프로가 아닌 보통 사람입니다. 대화는 반드시 재미있어야만 한다고 기대치를 올리면 대화 자체가 시시해집니다.

대화는 단순한 캐치볼입니다. 상대방이 공을 던지면 받아서 되던지기만 하면 됩니다. 특별히 의미가 없어도 괜찮은 것입니다. 그래서 시시한 대화라고 생각했다면 그냥 침묵해버려도 됩니다.

인간에게는 여러 유형이 있으므로 수다스러운 사람도 있고, 무뚝뚝한 사람도 있습니다. 무뚝뚝한 사람이 뭐라고 한마디 발언하면 그것은 엄청난 무게감을 가진 말이 됩니다.

찬물을 끼얹은 듯 정적에 휩싸였을 때 '이래서는 안 된
다. 뭔가 말을 해야만 한다'고 초조해하면 오히려 안 됩
니다. 친한 사이라면 침묵이 계속되어도 서로 어색하지
않을 것입니다. 친하지 않은 사람과의 대화에서 침묵이
계속되더라도 신경 쓸 필요는 없습니다.

가족과 있을 때는 보통 억지로 화제를 찾아내려고 하
지 않습니다. 오랜 세월 함께 지내온 부부는 아무 말을
하지 않아도 태연하고, 서로의 생각 역시 '아' 하면 '어'
하고 알아챕니다.

하지만 처음 보는 사람일 경우 침묵이 너무 계속되면
어색하겠지만 침묵에는 침묵 나름의 장점이 있습니다.

예전에 한 버라이어티 프로그램에서 "썰렁한 새가 날
아다닌다"라고 표현한 적이 있었습니다. 그 말이 분위기
를 더욱 어색하게 만들었습니다만, 프랑스에서는 대화가
끊겨 그 자리에 있는 모두가 침묵해버렸을 때 "천사가
지나갔다"라고 말합니다. 이런 말을 들으면 뭔가 이득을
본 듯한 기분이 들지 않나요?

재치 있는 표현입니다.

대화를 억지로 재미있게 만들려거나 의미를 찾아낼 필요는 없습니다. 대화가 막혀도 날씨 이야기, 식사 이야기, 뉴스, 예능 등 유행을 타지 않고 누구나 흥미를 가질 법한 화제는 많기 때문에 적당히 머릿속에 떠오른 것을 말하면 됩니다.

자신도 모르게 정치 이야기를 했다가 분위기가 썰렁해져도 되고, '실수했다'고 생각되면 도리어 생뚱맞은 이야기를 시도해보세요.

상대와의 공통점을
발견한다

상대와 친해지면 자연스럽게 대화도 탄력을 받습니다. 그러면 어떻게 하면 상대방과 더욱 친밀해질 수 있을까요? 효과적인 것은 자신과 상대방의 공통점을 발견하는 것입니다.

자신의 것과 비슷한 안경을 상대방도 쓰고 있다거나 똑같은 색깔로 머리를 염색했다, 자주 고개를 주억거린다 등의 공통점을 찾아내는 것이 중요한 포인트입니다. 자신과 마찬가지로 상대방 역시 긴장하고 있는 경우도 있습니다. 그것을 알아채면 친해지는 것입니다.

자신과 상대방의 공통점을 찾아내는 요령은 우선 상대방을 관찰하는 일입니다. 상대방을 바라보지 않으면 친밀함도 생기지 않습니다. 그리고 집으로 돌아가면 그날 만난 상대방의 특징을 떠올려보는 것입니다.

상대방이 무섭다고 느꼈을 때는 앞에서 서술한 것처럼 '주의 이동'을 사용하여 상대방을 관찰하는 게 중요하지만 아무래도 자신에게 신경이 쓰여 불안해지는 경우도 있을 것입니다.

그럴 경우에는 자신이 신경 쓰이는 부분, 불안한 부분을 순순히 인정하고 불안 미터기가 80점 정도가 되었구나, 하는 식으로 자신을 관찰합니다.

상대방이 무서워지더라도 가급적 도망치지 마세요.

도저히 불안을 견딜 수 없어서 도망쳐버렸다면 그것은 그것대로 어쩔 수 없는 일이지만 그렇더라도 너무 우울하게 생각하지 마세요. 또 다음 기회가 있습니다.

그때 다시 한 번 도전해보세요.

호흡만으로도
불안은 가라앉는다

상대방이 무서워졌을 때 마음을 가라앉힐 수 있는 기술에 대해 좀 더 말해보겠습니다. 호흡법으로 마음을 가라앉히는 방법입니다.

사람은 불안해지면 아무래도 호흡이 빨라지고 맙니다.

그래서 의식적으로 호흡을 천천히 하는 것입니다. 그렇게 하면 자신의 내면을 향해 있던 주의가 호흡으로 향해 마음이 가라앉습니다.

호흡법에 이어 근육 이완법으로 옮겨갑니다. 몸과 마

음을 풀어주는 행동입니다.

호흡법이나 근육 이완법을 사용하는 것은 긴장되는 자리로 가기 전에 해야 합니다.

사람들 앞에 나서서 말하기 전에 심호흡을 하는 사람도 있을 테죠. 요령은 호흡법과 근육 이완법에 너무 많은 시간을 소비하지 않는 것입니다.

잠시 동안만 천천히 호흡하여 몸의 힘을 빼고 회의장으로 갑니다. 회의장에 가면 앞서 말한 것처럼 잘 찍힌 자신의 사진을 머릿속에 떠올립니다. 그러고 나서 그 자리에 있는 상대방에게 주의를 기울여 관찰하면서 이야기를 시작해보세요.

몰두할 수 있는
취미를 갖는다

지금까지 해설한 기술로도 불안이 가시지 않고 인간 관계에서도 실패한 것 같다면, 끙끙대며 고민이 될 때의 극복 방법을 마지막으로 가르쳐드리겠습니다.

끙끙대며 고민할 때 스트레스를 해소하기 위해 어딘가로 도피하는 사람도 있습니다. 사교 불안증인 사람이 술에 취하면 불안이 약간 사라지는 것 같아서 알코올에 의존하는 경우는 흔히 있습니다.

하지만 의존증이 될 정도로 빠져들어서는 곤란합니다.

술을 마시고 잔뜩 취하면 긴장의 끈이 풀려 다른 사람과 쉽게 이야기할 수 있게 되는 경우가 있습니다. 그래서 낯가림이 있는 사람의 경우, 회식 자리 등에서 술에 잔뜩 취해 그럭저럭 즐겁게 이야기를 나눈 경험이 있다면 늘 술의 힘을 빌리고 싶어집니다.

분명 적당히 알코올을 마시는 것은 괜찮다고 생각합니다만 무슨 일이든 지나치면 위험합니다. 운동 역시 건강에 좋지만 지나치게 운동하면 몸이 망가지는 경우도 있습니다.

그러므로 술뿐만 아니라 스트레스의 발산법을 몇 가지쯤 가지고 있으면 좋습니다. 자신이 즐거울 수 있을 만한 습관의 선택지가 많은 사람은 강한 사람입니다. 과도한 음주나 흡연은 건강에도 좋지 않으므로 건전한 취미가 바람직합니다. 게임이나 인터넷도 괜찮지만 의존증에는 주의해주세요.

예를 들어, 노래방도 스트레스를 발산하기에는 좋습니다. 노래방은 노래가 서툰 사람도 나름대로 즐길 수 있고, 최근에는 혼자 노래방에 가는 사람도 있습니다. 헬스클럽에 가서 몸을 움직이거나 온천, 목욕, 사우나를 하는 것도 괜찮습니다.

또한 뭔가 몰두할 수 있는 즐거운 취미가 있으면 그것만으로도 행복합니다. 낚시는 혼자 할 수 있는 마음 편한 취미입니다. 잡은 물고기는 먹을 수도 있으니까 실용적이기도 하고, 요리를 취미로 삼을 수도 있습니다.

낚시 취미가 오래되어 낚시와 관련한 이야기를 블로그에 매일 쓰다 보면 언젠가 출판사에서 연재하자거나 책으로 내자거나 하는 제의가 들어올지도 모릅니다.

사교 불안증을 겪고 있는 사람이라면 일을 하다가 궁지에 몰리는 경우가 많을 것입니다. 일이 원만하게 진행되지 않더라도 취미나 레저 쪽으로 잠시 관심을 돌린다면 머리를 싸매고 고민하지 않을 수 있습니다. 자유로운 시간에도 일 문제로 머릿속이 가득 차 있으면 괴롭기만 할 뿐입니다. 일이 끝난 후에는 머릿속을 깨끗이 비우고 취미나 레저로 활기를 되찾아보세요.

4장
어색하지만 조금씩 익숙해지는 연습

타인에게 조금씩
자신을 드러낸다

이번 장에서는 혼자 할 수 있는, 낯가림 극복을 위한 간단한 훈련법을 소개하겠습니다. '나도 할 수 있을 것 같다'고 생각되는 것부터 시험해보세요.

우선 첫 번째는 '폭로요법'입니다. 스스로 할 경우는 '자기폭로요법'이라고 합니다.

폭로요법은 '인지행동요법' 중에서도 특히 유명한 치료법이므로 들어본 적이 있는 분도 많을지 모릅니다. 영어로는 '익스포저 테라피(Exposure Therapy)'인데, '익스포저'란 '폭로', '몸을 드러내다'라는 뜻입니다.

자신이 공포, 불안을 느끼는 상황이나 장소, 환경 속으로 일부러 발을 들여넣고 몸을 드러냄으로써 단계적으로 몸과 마음을 익숙하게 만드는 치료법입니다.

폭로요법은 패닉 등과 같은 불안증이나 공포증을 치료할 때 효과를 인정받고 있습니다.

폭로요법이라는 말의 뉘앙스 때문에 어려운 치료법일 것 같다고 생각하는 분이 있을지 모르겠지만 방법은 간단합니다. 굳이 자신이 싫어하는 상황 속으로 단계를 밟아 도전하고 해결해가면서 조금씩 공포를 제거하고 병을 극복해나가는 것입니다.

싫어하는 장소나 환경 속으로 직접 찾아가거나 자신의 의지로 하기 싫은 행동을 하는 것이므로, 초심자의 경우 공포감이 수반되지 않을까 생각되지만, 극복해낸다면 상당히 큰 자신감으로 연결됩니다. 매우 높은 치료 효과가 있다고 알려져 있으니 무리하지 않는 범위 내에서 도전해보세요. 다만, 스스로 잘해내지 못할 경우에는 정신과 의사 같은 전문가의 도움을 받아보세요.

폭로요법의 기본적인 사고방식은 '불안과 직접 마주한

다'는 것입니다. 누군가에 의해 강제되는 것이 아니라 자신의 의지로 하는 게 중요합니다.

예를 들어 '모르는 사람에게 길을 물어본다'는 도전이 있습니다. 이것은 '모르는 사람에게 자신이 직접 무엇인가를 물어본다'는 점이 상당히 중요합니다. 실제로 '길을 정확히 알고 싶다'는 것은 아닙니다. 사실은 길을 이미 알고 있어도 상관없으므로 '굳이 모르는 사람에게 말을 걸어본다'는 점에 큰 의의가 있습니다.

'모르는 사람에게 말을 걸어 정보를 알아낸다'는 것은 누구에게나 크든 적든 신경이 쓰이는 행위입니다. 낯가림이 있는 사람은 특히 고통스럽게 느끼는 경향이 있습니다. 하지만 점점 사람들에 익숙해짐에 따라 괴롭거나 성가심을 느끼지 않게 됩니다.

타인에게 자신을 드러내는, 즉 계속되는 '폭로'에 익숙해져 다른 사람과 마주하는 일에 스트레스를 느끼지 않게 되는 것입니다.

악순환을 부르는 '안전행동'

폭로요법에 대해 더 말하자면 '다른 사람과 이야기하는 것은 일상적으로 할 수 있지만 전혀 익숙해지지 않는다'고 말하는 분이 있습니다. 실은 사교 불안증의 자기폭로에는 요령이 있습니다.

일반적인 방법으로는 폭로요법의 효과가 나타나지 않고, 시간이 아무리 지나도 다른 사람에게는 전혀 익숙해지지 않습니다. 왜냐하면 폭로요법을 실시하는 가운데 무의식적으로 '안전행동'을 해버리기 때문입니다.

안전행동이란, 안전한 게 최고라고 생각하여 하는 행동을 말합니다. 타인이 자신을 이상한 인간이라고 생각하지 않기를 바라는 공포심 때문에 억지웃음을 짓거나 고개를 숙인 채 말하는 등 주목을 끌지 않도록 부자연스러운 '안전행동'을 취하지만, 그럼으로써 오히려 더 사람들의 주목을 받고 그것이 불안을 강하게 만드는 악순환에 빠지는 것입니다. '모르는 사람에게 길을 묻는다'는 폭로요법을 할 때 나타나는 안전행동이라고 하면 다음과 같습니다.

상대방의 눈을 똑바로 보지 않고 짧은 단답형으로 대화를 하거나 애써 웃음을 지어 보이며 말을 건네거나 선글라스나 마스크로 얼굴의 일부를 가린 채 상대방에게 말을 건네는 등.

이런 안전행동을 하면 '있는 그대로의 자신'과는 거리가 멀기 때문에 안타깝게도 '폭로요법을 올바르게 하고 있다'고는 말할 수 없습니다. 따라서 불안으로부터 해방되는 것을 기대할 수 없습니다.

폭로요법을 정확히 수행하려고 할 때는 안전행동 없이 있는 그대로의 표정으로 상대방의 눈을 바라보며 상대방과 마주할 것. 그것이 요령입니다. 선글라스나 마스크 같은 것을 착용해서는 안 됩니다.

또한 그럴 때는 '상대방에게 관찰당하고 있다'고 느끼는 게 아니라 스스로 '상대방을 관찰하고 있다'는 게 중요합니다.

행인에게 길을 물어볼 때는 불안이 강하더라도 그 불안과 마주해야 합니다. 행인의 얼굴을 보고 눈을 바라보며, 상대방이 어떤 사람인지 관찰합니다. 젊은 사람인지, 중년의 사람인지, 남성인지 여성인지, 안경을 쓰고 있는지 안 쓰고 있는지, 머리는 긴지 짧은지 그런 것을 관찰하며 길을 물어봐야 합니다.

이것이 올바른 폭로요법입니다. 인지요법에서는 행동실험이라고 부릅니다. 이러한 훈련을 매일 지속함으로써 불안은 서서히 사라지고 익숙해집니다.

부끄럽더라도 억지로 하는
'반품 트레이닝'

낯가림이 있는 사람이 하기 괴로운 일 가운데 '반품'이 있습니다. 가게에서 구입한 물건이 불량이어도 반품하지 못하고 울며 겨자 먹기 식으로 넘어가는 낯가림 심한 사람이 더러 있습니다.

사교 불안증의 증상이 얼마나 중증인지, 그리고 치료의 효과는 어느 정도인지를 평가하는 'LSAS(엘사스, Liebowitz Social Anxiety Scale)'라고 불리는 척도가 있습니다.

이 LSAS에는 사교 불안증 환자가 괴로워하는 행위가

열세 개 항목, 사교 장면이 열한 개 항목이 있고, 각각의 항목에 대해 얼마나 공포와 불안을 느끼는지, 얼마나 회피하고 있는지의 정도를 0~3까지 네 단계로 평가하고 그 합계 점수(0~144점)를 평가합니다. 이 LSAS에 '가게에 물건을 반품한다'는 항목이 있습니다.

이를 극복하기 위해서는 싫어하는 일과 의식적으로 마주하는 트레이닝이 필요합니다. 사교 불안증인 사람이 그 싫어하는 일을 극복하는 것에 폭로요법의 의미가 있습니다.

가게에 가서, 계산대로 페트병 두 개를 들고 간 후 바코드를 읽히기 전에 하나를 반품하는 행동을 해보도록 하세요.

계산대에서 지갑을 보니 돈이 부족하다, 그래서 구입하려던 물건을 줄이겠다는 반품 상황은 점원 입장에서는 귀찮은 일이기는 하겠지만 일정한 비율로 누구나 하는 사소한 실패입니다.

사교 불안증인 사람을 보고 있으면, 반품하는 것이 당연해 보이는 경우라도 주저하는 사람이 제법 많습니다. 그 이유는 반품할 때의 커뮤니케이션이 두렵기 때문입니다. 점원에게 "그거 혹시 당신이 집에서 사용하다가 망가진 것 아닌가요" 하는 말을 듣지나 않을까 생각하는 것입니다. 그래서 저는 억지로라도 본인이 직접 '반품을 정중하게 요구'하도록 환자분들에게 권유하는 경우가 있습니다.

실제로 반품을 하면 점원은 "알겠습니다" 하고 말하고 상품을 받은 후 선반에 원래대로 놓으면서 종료되므로 특별히 누군가가 곤란해질 일도 생기지 않습니다.

다만 이 훈련을 할 때는 가게가 혼잡한 시기는 피하도록 하세요.

저는 1997년부터 미국에서 2년 정도 지낸 적이 있는데 미국에서의 일상생활을 통해 놀랐던 것은 별 부담 없이 반품하는 사람이 상당히 많다는 점이었습니다.

구두 가게를 찾아온 사람이 신고 있던 신발을 갑자기 벗으며 "이거 반품하겠습니다" 하고 점원에게 말했던 것입니다. 점원도 "네, 알겠습니다" 하며 주저 없이 그 신발을 받아주었습니다.

그 신발을 다른 손님에게 판매하는 것도 아닐 테니 그냥 버리는 모양이었지만, 무엇보다 신발을 벗은 사람은 맨발로 돌아간 것인지 지금 생각해도 신기합니다.

그래도 도저히 반품할 수 없다고 말하는 사람에게는 또 한 가지 다른 방법이 있습니다.

그것은 계산대에서 지불할 때 돈을 일부러 적게 건네 준 후 점원의 반응을 살피는 방법입니다.

예를 들어 1,500원짜리 음료수인데 1,000원만 돈을 내려놓고 "이거 주세요"하고 말해보는 것입니다. 그러면 점원도 살짝 곤란해하며 "약간 부족한데요"하고 말할 것입니다. 그때 "죄송합니다"하고 말하며 500원을 더 내면 그만입니다.

이것도 좋은 훈련이 됩니다.

낯가림이 있는 사람은 자신의 실수에 너무 신경을 쓰기 때문에 돈 계산이 틀리지는 않았는지 몇 번이고 확인하는 사람이 많습니다. 그러므로 일부러 그런 실수를 해보라고 권하는 것입니다.

마찬가지로 인간관계에 있어서도 '실패하면 안 된다'는 생각을 떨쳐버리세요. 작은 실패는 누구나 하고 살아갑니다. 사소한 실패쯤은 그냥 웃고 넘겨버렸으면 좋겠습니다.

실패에 익숙해지도록 해보세요. 사람들 앞에서 실패하는 것은 당신만이 아닙니다.

누구에게나 흔한 일입니다. 실패하면 오히려 인간적이라고 생각하여 상대방은 친근함을 느끼게 되는 것입니다.

경청하고 수용하고
공감한다

미국의 임상심리학자인 칼 로저스(Carl Ransom Rogers)
가 주장한 카운슬링 훈련 중에 '경청'이라는 것이 있습니
다. 경청이란 상대방의 이야기에 귀를 기울이는 것입니다.

경청하기 위해서는 '수용(무조건의 긍정적 관심)'이 중요
합니다. 상대방의 생각을 있는 그대로 받아들이는 것입
니다. 이야기에 귀를 기울이려면 그 이야기의 내용을 일
단 그대로 받아들이는 자세가 중요합니다.

또한 '공감'하는 것도 중요합니다. 상대방의 감정을 함

께 느끼는 것이죠. 상대방이 슬프게 이야기하면 자신도 슬픔을 느끼고, 상대방이 즐겁게 이야기하면 자신도 즐거움을 느끼도록 합니다.

경청, 수용, 공감은 버릇이 될 정도까지 숙달시켜두는 것이 좋습니다. 이를 위해 반드시 필요한 것 역시 자발적인 연습입니다. 처음 얼마 동안은 가족과 함께 연습하는 게 좋습니다.

가족과의 대화는 아무래도 편할 테니까 "그건 좀 이상하다. 잘못됐다" 하고 이야기를 차단하는 경우가 있습니다. '경청', '수용', '공감'의 자세를 갖지 못하는 것입니다. 그래서 더욱 경청 연습에는 가족과 대화하는 것이 안성맞춤입니다.

구체적으로는 상대방이 해주는 이야기가 좋았을 경우 "그거 좋은데" 하고 말하거나 똑같이 반복하여 찬성의 의사를 보여줍니다. 경청하는 것은 처음 10분이나 15분 정도로 하고 그 후에는 평소처럼 돌아가도 상관없으니까 대화를 하며 연습해보세요.

화제는 추상적인 이야기나 일반론보다 가능한 한 구체적인 이야기가 더 재미있게 들립니다. 가급적 이야기를 구체적으로 하고 확장되도록 유도하려면 당신이 '5W1H'를 질문해야 합니다.

'5W1H'는 'When(언제)', 'Where(어디에서)', 'Who(누가)', 'What(무엇을)', 'Why(왜)', 'How(어떻게)', 했느냐는 것입니다. 이것을 대화 사이사이에 집어넣다 보면 자연스럽게 구체적인 이야기를 하게 됩니다.

경청의 기술은 여러 경우에 쓸모가 있습니다. 유럽인은 식사하는 데 넉넉하게 잡아 두 시간 정도 걸린다고 합니다. 그럼 그동안 나누는 이야기는 "이 토마토는 지난번에 비해……" 등등 식재료 이야기를 하는 경우도 드물지 않은 듯합니다.

수다스러운 사람이 있으면 즐겁기는 하겠지만 낯가림이 있는 사람에게는 살짝 고통스러울지도 모릅니다. 그럴 경우에는 그냥 경청만 해도 됩니다. 다만, 그런 이야기를 듣고만 있던 사람이 가끔 뭐라고 불쑥 말하면 오히려 무게감이 있어서 자리에 있던 사람 모두가 '오오!' 하고 감탄할지도 모릅니다. 꼭 재치 넘치는 말을 하지 않아도 됩니다.

주어를 너에서
나로 바꿔 말한다

'아이 메시지'라는 말을 들어본 적이 있나요?

'아이 메시지'란, 주어를 'You(당신)'에서 'I(나)'로 바꾸는 기술입니다. 이것을 사용하면 커뮤니케이션이 원활해져 인간관계에서의 스트레스나 트러블이 현격히 줄어듭니다. 더 나아가 낯가림을 줄이는 데도 효과가 있으므로 꼭 익혀두세요.

주어를 '당신'에서 '나'로 바꾸면 그것만으로 발언의 내용이 비판적으로 들리지 않게 되는 경우가 있습니다.

예를 들어 상대방에게 불만이 있을 때 주어가 'You'와 'I'의 경우 다음과 같은 차이가 있습니다.

You 메시지

▶ "그래서 당신은 안 되는 겁니다."

I 메시지

▶ "나는 당신의 행동 때문에 슬퍼집니다."

어떻습니까. You에서 I로 바꾸니 전하고 싶은 내용은 같아도 부드러운 분위기로 변하는 것 같지 않습니까. 이처럼 자신의 의견을 전달할 때의 주어를 '당신'으로 하면 비판적인 발언이 되기 쉽지만 주어를 '나는~'으로 하면 자신의 기분이나 생각을 상대방에게 전달하는 것에만 머물 뿐, 상대방을 질책하는 형태는 되지 않습니다.

마찬가지로 You 메시지를 I 메시지로 변경하면 다음과 같이 됩니다.

You 메시지

▶ "당신은 늘 자기 멋대로야. 일도 비협조적이고."

I 메시지

▶ "나는 일할 때 좀 더 도움을 받았으면 좋겠다."

You 메시지

▶ "몇 번을 말해야 알겠나?"

I 메시지

▶ "이건 중요한 문제니까 당신이 기억해준다면 내게 큰 도움이 될 거야."

You 메시지

▶ "당신은 늘 지각만 하지."

I 메시지

▶ "나는 당신과 만나는 걸 기대하고 있었기 때문에 조금 쓸쓸한 기분이 들었어."

영어회화 공부와 같은 요령입니다. 상대방에게 뭔가를 전하고 싶을 때, 주문하고 싶을 때는 가급적 '나'라는 주어를 사용해 이야기하는 겁니다. You에서 I로의 변환은 훈련하면서 자연스럽게 할 수 있게 됩니다.

다만, 모든 경우에 다 '나는' 하고 말할 필요는 없습니다.

'당신은'도 사용해도 됩니다만, '당신은'을 사용할 때는 '당신은 그렇게 말했죠' 하고 공감을 표할 것. 그러고나서 '나는 이렇게 생각합니다' 하고 덧붙이면 됩니다.

또 '나는 이렇게 생각합니다' 하고 말했는데 상대방이 '당신 의견은 무시하겠습니다' 하고 말을 끝낼지도 모릅니다. I 메시지도 만능은 아닙니다. 제대로 전해지지 않는 경우도 있습니다.

잘되지 않았을 경우에는 '뭐, 어쩔 수 없지' 생각하고 포기하세요. 인간관계는 정말 복잡하기 때문에 기술적으로 접근해도 수학의 공식처럼 어떤 경우에나 다 들어맞는 것은 아닙니다.

상대방에게도 그만의 사정이 있을 테니 자신의 주장이 통하지 않는 경우도 많습니다.

취직 면접에서는 '저는' 하고 I 메시지가 남발되리라 생각하지만 불합격 통지가 오는 경우도 있을 겁니다. 그런 일로 실망한다면 다음 면접에는 갈 수 없습니다. 자신은 무능한 인간이라고 비관적으로 생각하지 마세요.

어린아이를 위한 인지행동요법 프로그램 '용기 있는

자의 여행'에서는 자신이 비관적이 되었을 때 자신 이외의 제삼자에 의한 냉정한 시점으로 격려하는 말을 '현자의 목소리'라고 부릅니다. 이 현자의 목소리를 '뭐, 할 수 없지'와 똑같은 식으로 사용하면 감정에 휩쓸려 계속 실패의 기분으로 사는 일은 없습니다.

상대의 눈을
똑바로 바라보는 연습

동양에서는 다른 사람을 만나면 고개를 숙여 인사하는 게 관례입니다. 일본에서는 헤이안 시대(平安時代, 794년 간무왕[桓武王]이 헤이안쿄[平安京:京都]로 천도한 때부터 미나모토노 요리토모[源賴朝]가 가마쿠라 막부를 개설한 1185년까지의 일본 정권_옮긴이), 서민이 귀족을 배알할 때는 발 너머라 해도 '상대의 눈을 똑바로 바라보는' 것은 매너가 아니었습니다. '높은 사람의 눈을 바라보는 것은 실례에 속한다'는 사고가 일반적이었던 시대도 있었습니다.

하지만 현대에 들어서는 '눈을 보지 않는 것이 왠지 더 고상하다'라고는 말하지 않습니다. 특히 글로벌 시대에 서양인과의 비즈니스 현장에서는 '눈을 봄'으로써 신뢰 관계를 쌓기도 하고, 신용도 높아집니다.

낯가림이 심해 도저히 '눈을 맞출 수가 없다'는 사람이 많은 것 같습니다. 그러면 공고히 해야 할 신뢰 관계도 위태로운 것으로 변하거나 신용도 잃게 될지 모릅니다.

'눈을 똑바로 바라본다'는 것이 글로벌 사회에서는 정말 중요하므로 꼭 익숙해지도록 하세요. 또한 그 훈련 자체가 곧 낯가림을 줄여주는 것으로 연결됩니다.

'상대방의 눈을 똑바로 바라보면 안 되는 것 아닌가' 하는 사고방식은 오랜 일본의 것이며 요즘 같은 글로벌 시대에는 맞지 않습니다. 서양에서는 오히려 상대방의 눈을 똑바로 쳐다보는 것이 곧 예의인 나라가 많습니다.

낯가림의 괴로움을 조금이라도 줄이기 위해서라도 '똑바로 눈을 바라본다'는 규칙을 철저히 지켜보세요.

물론 처음에는 저항감도 있겠지만 상대방의 목이나 넥타이 언저리를 바라보는 것만으로도 괜찮습니다. 그리고 서서히 목울대, 입, 코, 눈으로 올라가면 됩니다.

우선 시작은 일러스트나 인형의 눈을 보는 것도 괜찮고, 실물이 아닌 텔레비전을 보며 출연자의 눈을 보는 데서부터 출발해도 좋습니다.

거기에 익숙해지면 실제 사람을 보고 연습을 해보세요. 약간 전문적으로 말하자면 '단계적 폭로요법'에 해당됩니다.

눈을 바라보는 연습을 할 때 이용하는 텔레비전 프로그램은 어떤 것이어도 상관없습니다. 자신이 좋아하는 프로그램을 보면 됩니다. 버라이어티 프로그램을 좋아하는 사람은 버라이어티로, 시대극을 좋아하는 사람은 시대극을 보세요. 스스로 편한 느낌을 갖는 것이 가장 중요합니다.

자신이 좋아하는 탤런트가 있다면 그 사람이 출연하는 프로그램만 따로 녹화하여 집중적으로 눈을 바라보면 더욱 의욕이 생길지도 모릅니다.

무엇보다 중요한 것은 눈을 바라보는 버릇을 들임으로써 '자신을 바라보고 있다'는 생각에 사로잡혀 자신을 신경 쓰는 것이 아니라 상대방에게 주의를 기울이는 것입니다.

이 사람은 외까풀 혹은 쌍꺼풀인지, 혹은 머리카락이 무슨 색인지, 안경은 쓰고 있는지도 포함하여 찬찬히 관찰해보세요.

곤란한 이야기를
해야 할 때

말하기 어려운 것을 훌륭하게 전달할 수 있는 화법
이 있습니다. '샌드위치 화법'이 그것입니다.

셀프 트레이닝하는 보람이 상당히 큰 훈련이므로 긴장
의 정도가 낮은 사람과 대화할 때 꼭 시험해보세요. 익숙
해지면 어떤 사람과 대화하든 '샌드위치 화법'을 구사한
화술을 사용할 수 있을 것입니다.

'상대방에게 감사한다' → '말하기 어려운 것을 말한
다' → '상대방에게 감사한다'와 같이 샌드위치 화법은

본론의 앞과 뒤를 긍정적인 말로 채우는 것이 포인트입니다.

먼저 상대방에게 감사하고, 말하기 어려운 것을 말한 후 마지막으로 또다시 상대방에게 감사한다고 마무리하면 상대방에게 좋은 인상을 남길 수 있습니다.

상대방에게 갑자기 뭔가를 주문하면 놀라거나 거절할 수 있을지도 모르니까 칭찬의 말로 본론을 감싸는 것입니다. 샌드위치의 부드러운 식빵 두 장 사이에 말하기 어려운 머스터드 바른 햄을 끼워 넣은 것과 같은 이치입니다. 이는 연습하면 누구나 할 수 있는 커뮤니케이션의 테크닉 가운데 하나입니다.

이렇게 대화하다 보면 아무래도 총 대화 시간은 길어지겠지만 그러는 편이 상대방을 존중하고 있음을 알게 해줍니다. 상대방에게 감사하지 않고 효율적으로만 전달하려다 보면 상대방의 화만 돋우고 끝나버릴 테고 그러면 어색한 인간관계가 되기 십상입니다. 그렇게 되지 않도록 가능하다면 정중하게 전달할 필요가 있습니다.

예를 들어, 상대방의 실수를 지적하고 싶은 경우 다음처럼 해보세요.

① 상대방에게 감사한다

→ '늘 고맙습니다.'

② 말하기 어려운 것을 말한다

→ '이 부분이 잘못됐는데 고쳐주신다면 저로서는 기쁘겠습니다.'

③ 상대방에게 감사한다

→ '물론 늘 감사하고 있습니다.'

이와 같은 대화 방식이 샌드위치 화법입니다. 말하기 어려운 것만 말해버리는 것보다 한결 부드럽습니다.

순간 떠오르는
성공 경험을 떠올린다

과거의 '성공 체험'을 상상하는 것도 낯가림을 개선하는 좋은 트레이닝이 됩니다.

게다가 성공 체험의 이미지는 마음 한구석에서 '얼핏 떠오르는' 것만으로도 괜찮습니다. 준비를 하지 않아도, 시간을 들이지 않더라도 아주 잠깐 생각나는 것만으로도 좋습니다.

성공 체험이라면 왠지 거창한 것을 연상하겠지만 사소한 것이라도 괜찮습니다. '노벨상을 받았다', '올림픽에서

금메달을 땄다'와 같은 '세계적인 대성공'일 필요는 없습니다.

'사람들 앞에서 잘 이야기하는 상상'이나 '다른 사람에게 칭찬받고 있는 자신의 이미지' 같은 성공 체험입니다.

성공한 순간의 이미지를 퍼뜩, 그리고 잠깐 떠올리기만 해도 됩니다. 또는 '잘 찍힌 자신의 사진 이미지'도 상관없습니다.

다만 시간을 너무 들여 생각하면 보신을 위한 '안전행동'이 나오게 되므로 순식간에 끝나야 한다는 것을 명심해주세요.

작게 작게
목표를 설정한다

종이에 적거나 컴퓨터로 입력하거나, 마음속으로 생각하던 애매한 것을 언어로 바꾸면 큰 장점이 됩니다. 어딘가에 적음으로써 자신의 생각을 객관화할 수 있고 쉽게 조절할 수도 있습니다.

예를 들어 다음과 같은 질문을 해보죠.

'자신은 어떻게 되고 싶은가. 그를 위해 필요한 것은 무엇인가.'

그리고 조금씩 단계(스텝)를 밟아 자신이 원하는 답으

로 다가가봅시다.

인지행동요법에서는 단계적 폭로요법처럼 스몰 스텝으로 조금씩 나아가는 것이 좋습니다.

구체적으로는 '목적을 향해 가는 스텝을 세분화한다'는 것입니다. '낯가림을 하지 않는다'는 목표를 설정했을 때 거기까지 이르는 과정을 구체적으로 세분화하여 열거해가는 것입니다.

간단히 말할 수 있는 것부터 시작하여 서서히 난이도를 올리고 그것을 구체적인 몇 가지 스텝으로 나눔으로써 '할 수 있다는 느낌'을 축적해갈 수 있습니다.

밟고 올라갈 계단이 열 계단이 있다면 초심자가 갑자기 그 열 계단에 도전하는 것은 무모하거니와 계단을 앞에 두고 공포심만 커집니다. 그러므로 처음에는 세 계단이나 네 계단에서 시작하여 서서히 높여갈 필요가 있습니다.

세분화하여 단계를 나누면 하나하나의 목표 달성에 방해가 되는 장해물은 사라지고 '조금씩이기는 하지만 목표에 근접해간다'고 차츰 나아지는 자신을 실감할 수 있게 됩니다.

스몰 스텝의 가장 중요한 요소는 '하나의 단계는 자신이 할 수 있을 만큼만 부담하도록 작게 설정한다'는 것입니다.

낯가림이 있는 사람의 경우, 스몰 스텝의 첫 단계는 하루 한 사람과 이야기한다. 두 번째 단계는 하루에 두 사람과 이야기한다. 세 번째 단계는 하루에 세 사람과 이야기한다는 식으로 목표를 설정하고 일주일 정도에 걸쳐 조금씩 단계를 밟아가듯이 연습합니다.

최종적인 큰 목표를 최대한 세분화하고 부담이 적은 것을 반복하도록 계획을 짜보세요.

서서히 계단을 올라간다는 이미지를 갖게 되면 기분도 제법 편해질 거예요.

5분 만에 가벼워지는
마음 연습

여기에서는 5분 동안 할 수 있는 인지요법 연습을
소개하겠습니다. 저는 이를 '마음 연습'이라고 부릅니다.

너무 깊이 생각할 필요는 없습니다. 직감적으로 다음
일곱 가지 질문에 대답해주세요.

물음은 다음의 일곱 가지입니다.

❶ 당신의 고민 혹은 스트레스는 무엇이 어떻게 되어 생겨난 것입
니까? (50자 정도로 적어주십시오. 처음에는 큰 고민이 아닌

작은 고민부터 적어주세요)

❷ ①의 고민을 어느 정도까지 진짜라고 생각합니까? 0부터 100
까지의 숫자로 표시해주세요.

❸ ①의 고민을 어느 정도로 괴롭게 느끼십니까? 0부터 100까지
의 숫자로 표시해주세요.

❹ 그 고민을 반대 내용으로 적어주세요.(긍정문↔부정문)

❺ 그렇게 생각한 구체적인 사례(근거)를 두 가지 적어주세요.

❻ 그럼 다시 한 번 생각해보세요. ①의 고민을 어느 정도까지 진
짜라고 생각하십니까? 0부터 100까지의 숫자로 표시해주세요.

❼ ①의 고민을 어느 정도로 괴롭게 느끼십니까? 0부터 100까지
의 숫자로 표시해주세요.

질문은 이상입니다. 다음의 A씨 사례를 봅시다.

❶ 당신의 고민 혹은 스트레스는 무엇이 어떻게 되어 생겨난 것입
니까?

→ 상사의 말에 소극적으로 반응했다.

❷ ①의 고민을 어느 정도까지 진짜라고 생각합니까? 0부터 100
까지의 숫자로 표시해주세요.

→ 90 정도 진짜라고 생각한다.

❸ ①의 고민을 어느 정도로 괴롭게 느끼십니까? 0부터 100까지의 숫자로 표시해주세요.

→ 80 정도 괴롭게 느끼고 있다.

❹ 그 고민을 반대 내용으로 적어주세요.(긍정문↔부정문)

→ 상사의 말에 소극적으로 반응하지 않았다.

❺ 그렇게 생각한 구체적인 사례(근거)를 두 가지 적어주세요.

→ 복도에서 마주쳤을 때 미소를 지어 보였다.

→ 회사에서 퇴근할 때 상사가 '수고했다'고 말해주었다.

❻ 그럼 다시 한 번 생각해보세요. ①의 고민을 어느 정도까지 진짜라고 생각하십니까? 0부터 100까지의 숫자로 표시해주세요.

→ 50

❼ ①의 고민을 어느 정도로 괴롭게 느끼십니까? 0부터 100까지의 숫자로 표시해주세요.

→ 40

질문과 대답의 예시는 이상과 같습니다.

'마음 연습'은 인지의 치우침을 고치는 인지요법을 최대한 간략화한 것입니다.

스스로 매일매일 해봄으로써 '인지의 재구성'을 연습

할 수 있고 인지가 왜곡되는 것을 방지할 수 있습니다.

　당신의 머리를 지배하고 있는 고민과 스트레스의 원인은 다른 사고방식을 가져봄으로써 상당히 편해지는 경우도 있습니다.

　자연스럽게 할 수 있게 될 때까지 매일 연습해보세요.

싫은 기분을 그대로 느껴보는 감정 연습

공동 연구자인 경제산업연구소의 세키자와 요이치 씨가 추천하는 '감정 연습'을 소개하겠습니다.

'감정 연습'이란 말 그대로 이모션(emotion)의 연습, 즉 감정의 연습입니다.

'감정 연습'은 '10분 동안 부정적인 감정을 철저히 느껴보는' 트레이닝입니다. 자신에게 불안감이 있더라도 그 불안감으로부터 도망치지 말고 마주한 채 그것을 철저히 느낌으로써 소화하는 것을 목표로 합니다.

우리는 자신도 알지 못하는 사이에 자신의 기분을 회피하려 하거나 마음속 깊은 곳에 억압하려 합니다.

우울이나 분노, 슬픔과 불안처럼 자신이 좋아하지 않는 기분에 뚜껑을 덮어두려 합니다. 이처럼 싫은 기분이 팽창되면 사람들은 그것을 억압하려 하지만 실제로는 잘 되지 않습니다. 자신의 기분에 저항하면 오히려 그것이 커지게 마련입니다.

그래서 기분을 부정하지 말고 그 기분을 솔직하게 인정하고 철저히 느끼는 연습을 해보는 것이 좋습니다.

가능하다면 혼자가 될 수 있는 장소를 찾아내 자신의 기분을 느껴보세요.

* * *

지금 당신은 어떤 기분인가요?

분노나 슬픔, 불안 같은 싫은(불쾌한) 기분을 느끼십니까? 만약 느끼지 못하겠다면 당신이 최근에 체험한 약간 불쾌한 일을 떠올려 싫은 기분을 느끼도록 해보세요.

싫은 기분을 느꼈다면 그 기분을 인정해보세요.

그 기분을 느껴주세요.

그 기분을 음미해주세요.

이런 기분이 되어서는 안 된다는 생각을 한쪽으로 치워두고 지금 있는 기분을 부정하지 않은 채 그냥 그 기분만을 느껴보세요.

어떤 기분이더라도 완전히 다 느끼도록 자신에게 허락해주세요.

만약 분노를 느낀다면 그 분노를 인정하고 그냥 느껴주세요. 친한 사람에 대한 분노라 해도 자신에게 감출 필요는 없습니다. 누구에 대한 분노라도 부정하지 말고 철저히 느껴보세요.

다만, 분노하는 상대에게 화를 퍼붓지는 말아주세요.

만약 슬퍼서 울고 싶다면 실컷 우세요. 걱정할 필요는 없습니다. 아무도 보지 않는 곳에서 실컷 울어주세요.

만약 불안이나 공포심이 있고, 그런 기분이 되어서는 안 된다는 생각이 있다면 그 생각을 지금만은 한쪽으로 치워두고 불안과 공포를 함께 느껴보세요.

불안을 인정하고 그냥 느껴보세요.

그런 기분과 함께하는 게 어렵다면 몸의 감각으로 의

식을 집중해보세요. 당신은 어떤 기분을 느끼면 몸이 반응하나요? 배나 가슴, 목 부근이 옥죄어 오거나 가슴이 뛰는 등 몸 어딘가가 떨리시나요? 그런 몸의 감각이 있다면 거기로 의식을 집중하여 그 감각과 함께해보세요.

이것은 흔히 있는 일입니다만 기분을 느끼고 있을 때 다른 것이 생각나기 시작하면 의식을 기분으로 다시 되돌려주세요.

아무런 기분도 느끼지 못할 경우에는 그 기분이 없는 감각과도 함께 있도록 해주세요. 기분이 없는 감각도 일종의 기분으로 취급해주세요.

이 연습은 대충 10분 정도를 기본으로 합니다만 약간 적거나 많아도 상관없습니다. 자신의 직감에 따르도록 하세요.

하지만 술을 마실 때는 이 연습은 하지 마세요.

연습의 내용은 매일 같습니다. 매일 지속적으로 하는 편이 효과를 기대할 수 있습니다. 무리하지 않는 범위라면 상관없으므로 가능하다면 하려고 해보세요.

5장

다시
불안해지다면

마음의 안정을 찾아주는
긍정 연습

지금까지 소개한 기술을 활용하면 여러 사람 앞에서 느끼는 고조된 불안을 어느 정도 조절할 수 있습니다.

하지만 무엇인가를 계기로 불안이 재발하는 경우가 있을지 모릅니다. 불안을 겨우 한때의 기분처럼 여길 수 있게 되었다고 생각했는데 어떡하나 당황스러워하는 사람도 있을 것입니다.

그래서 이번 장에서는 불안의 재발을 억제하는 몇 가지 기술을 소개하도록 하겠습니다.

기본적으로는 앞의 3장, 4장에서 소개한 기술이나 트레이닝은 그대로 재발 방지의 수단이 됩니다.

간단히 할 수 있는 것은 '긍정 연습', '마음 연습', '감정 연습'입니다.

'긍정 연습'으로 좋은 측면을 보고, '마음 연습'으로 인지의 왜곡을 수정하며, '감정 연습'으로 자신의 감정을 있는 그대로 받아들이게 되면 대개의 불안은 해소되거나 적어도 줄어들 것입니다.

더 나아가 여기에서는 불안의 재발을 억제하기 위한 중요한 사실들을 소개하겠습니다.

불안이 재발된 환자분에게 제가 먼저 말씀드리는 것은 '재발했다고 실망하지 말아달라'는 것입니다.

싫어하는 상사로부터 자신이 처리한 일에 대해 심한 꾸지람을 듣게 된 사건을 계기로 다시 타인과의 대화가 두려워지고 말았다.

혹은 클레임을 자주 제기하는 것으로 유명한 손님을 담당하게 되어 언제 걸려올지 모를 그의 전화가 두려워지고 말았다.

또, 육아가 힘들어 또래 엄마들과의 모임이 두려워지

고 말았다.

이처럼 불안은 스트레스가 강할 때 갑자기 재발하기 쉽습니다. 하지만 결코 비관하지 말아주세요.

이때 다시 떠올려주셨으면 하는 것이 앞서 말했던 '긍정 연습'에서 소개한 미러클 포인트를 쌓는 방법입니다.

집안일과 업무로 정신없이 바쁜데 상사의 질책으로 기분이 침울해졌다 해도 '남편이 요리를 칭찬해주었다', '동료의 푸념을 들어주었다' 같은 긍정적인 면을 찾아내면 견딜 만합니다.

'긍정 연습'은 일기처럼 매일 쓰는 것이 중요합니다. 수첩이나 노트여도 괜찮고, 컴퓨터나 스마트폰에 써도 상관없습니다.

최근에는 SNS를 잘 다루는 사람의 경우 트위터로 '긍정 연습'을 하는 방법을 제안하는 경우도 있습니다.

트위터는 원할 때 언제든 할 수 있으므로 감정 연습에 가장 적합합니다. 트위터의 '긍정 연습'을 뒤적이다 보면 예전의 자신에게 어떤 좋은 점이 있었는지 금방 알 수 있습니다. 아무리 뒤져도 좋은 점밖에 적혀 있지 않기 때문에 기분도 좋아집니다.

물론 자신만 볼 수 있도록 비공개 설정도 할 수 있고, 본명이 아닌 별명으로 등록할 수 있으므로 타인에게 공개해도 상관없습니다.

공개하면 다른 유저로부터 '좋아요'를 받는 경우도 있어서 기쁘게, 매일 지속하기도 쉽습니다.

근육이완법으로
몸과 마음을 풀어준다

긴장 상태가 계속될 때 몸을 풀 시간을 만들면 기분
도 전환할 수 있습니다.

여기에서는 근육이완법이라는 방법을 소개하겠습니다.

근육이완법이란 근육을 의도적으로 긴장시켰다가 풀
어주는 것인데, 미국의 내과, 정신과 의사인 에드먼드 야
콥슨(Edmund Jacobson) 박사가 고안한 긴장이완법입니
다. 정식으로는 점진적 근육이완법이라고 부릅니다.

근육이완법은 1920년대에 개발되어 그 후 보급이 진

행되었습니다. 대표적인 긴장이완 기법으로 전 세계에 널리 알려져 있습니다.

　근육이완법은 아래와 같은 단계를 통해 간단히 할 수 있습니다.

　① 몸의 특정 부위에 꾸욱 하고 힘을 준다(온 힘을 다하는 게 아니라 70퍼센트 정도의 힘으로 해주세요).
　② 그대로 5~6초 동안 유지한다.
　③ 스륵 힘을 빼고 10초 정도 힘이 빠지는 느낌을 맛본다.

　중요한 점은 '힘 빠짐을 충분히 느끼는' 것입니다. 힘 빠짐을 의식함으로써 긴장의 이완 효과가 높아집니다.

　또 근육을 긴장시켰다가 풀어주는 일련의 동작 중에 의식이 몸을 향하게 됩니다. 그래서 평소 자신의 몸에서 긴장이 풀린 상태를 알아챌 수 있게 됩니다.

　의자에 앉아서 해도 되고 누워 있거나 목욕탕에서 해도 상관없습니다. 여러 장소에서 시험해보세요. 또 50분을 일했으면 10분 동안 근육이완법을 실시하는 등 일하면서 높아진 긴장을 적당히 이완시켜주면 좋습니다.

마음과 몸은 연결되어 있습니다. 몸을 이완시켜주면 마음도 차분해집니다. 늘 불안을 느끼거나 화가 나 있으면 근육이 긴장하고 단단히 굳어 어깨 뭉침이나 두통 등으로 몸 상태가 안 좋아지는 경우도 있습니다만 그런 때도 근육이완법으로 몸을 풀어주면 개선되기도 합니다.

불안감이 높아져 낯가림의 증상이 악화되어 있을 때도 근육이완법으로 몸을 풀어주고 마음도 풀어주면 좋습니다.

몸을 가다듬고
주의를 이동하는 호흡법

앞에서 이야기한 대로 호흡법 역시 긴장 완화에 효과가 있습니다.

언제 어디서든 간단히 할 수 있으므로 추천하고 싶은 기술 중 하나입니다. 전혀 어렵지 않습니다. 의식적으로 호흡을 천천히 하기만 하면 됩니다.

호흡법은 ①3초 동안 숨을 내뱉을 때 머릿속으로 천천히 '릴랙스' 하고 중얼거린다 ②3초 동안 자연스럽게 숨을 들이마신다.

이와 같이 ①과 ②를 반복하기만 하면 됩니다. 중요한 점은 숨을 내뱉는 방식에 주의를 기울이는 일입니다. 코든 입이든 천천히 숨을 내뱉으면 됩니다. 3초를 정확히 지키지 않아도 되므로 내뱉었다가 들이마시는 것만 대충 지키면 됩니다. 6초에 한 번의 호흡, 그것을 열 번 하면 60초, 즉 1분의 호흡이 되어 느린 호흡이 되는 것입니다.

불안이 높아지면 호흡이 빨라지는 경우가 많습니다. 호흡을 느리게 유지함으로써 자연스럽게 기분도 차분해집니다.

천천히 호흡을 하면 마음뿐만 아니라 몸도 긴장이 풀어지므로 그런 점에서 근육이완법과 비슷합니다. 옛날부터 해온 상당히 대중적인 긴장이완법이므로 어떤 분에게든 추천할 수 있습니다.

6장
떨지 않고 자신 있게

낯가림은
무기가 된다

지금까지 '낯가림'을 극복하기 위한 다양한 방법과 기술을 살펴보았습니다만 낯가림 자체는 결코 '악'이 아닙니다.

생활이나 일에 지장을 초래할 정도의 낯가림이라면 사교 불안증이라는 병일 가능성도 있으므로 개선하는 편이 인생을 좀 더 풍요롭게 만들 수 있습니다. 하지만 낯가림이 있는 사람은 섬세하고 일처리가 치밀하고 꼼꼼한 등 수많은 장점이 있는 것도 사실입니다.

저는 일과 관련하여 낯가림으로 어려움을 겪은 사람들과 많이 만납니다만 그 잠재적인 능력에 자주 놀랍니다.

낯가림이 개선되면 '이 사람은 좀 더 나은 일을 할 수 있을 텐데', '좀 더 실적이 올라갈 텐데' 하고 생각하는 경우도 자주 있습니다.

실제로 낯가림이 있는 분의 특징인 '성실함'이나 '내향적인 힘' 덕분에 다소 시간은 걸리더라도 우수한 능력을 발휘하는 분이 많습니다.

여기에서는 모범적인 케이스로 낯가림으로부터 회복된 20대의 남성 영업자 A씨 이야기를 들려드리겠습니다.

A씨는 과거 아르바이트하는 곳의 점장으로부터 "눈빛이 사납다"고 한마디 지적받았던 것이 마음에 남아 낯가림이 더욱 강해졌던 모양입니다.

그래서 자신의 얼굴에 나타나는 인상을 온화하게 바꾸려다가 늘 '억지로 웃음을 짓지 않으면 미움받을 것이다'라는 편향된 인지를 갖게 되었습니다. 앞에서도 잠깐 설명했지만 억지웃음을 짓는 행위는 인지요법의 세계에서 말하는 '안전행동'의 전형입니다.

A씨는 '나는 눈빛이 사납다'고 생각했기 때문에 상대

방을 불쾌하게 만들지 않도록 시선을 비끼거나 억지웃음을 지어 대화하려 한 탓에 다른 사람과 이야기를 마치고 나면 늘 녹초가 되었습니다.

'다른 사람과 만날 때는 특히 조심해야만 한다', '세심한 주의를 기울여야만 한다' 이렇게만 생각했기 때문에 궁지에 몰린 상태처럼 되었습니다.

'내일도 출근해서 또 영업을 해야만 한다.'

그렇게 생각하면 잠도 오지 않고, 잠을 못 자기 때문에 기분도 우울해지고, 피로가 쌓여 식사도 제대로 할 수 없게 되었습니다. 늘 가던 의사에게 상담을 청하자 우울증이라는 진단을 받았고 결국 휴직까지 하게 되었습니다. 몇 개월 정도 쉬자 우울증은 회복되어 일터로 복귀할 수 있게 되었지만 근본적인 해결은 안 되었습니다. 사교 불안증 문제가 남아 있었던 것입니다.

왜냐하면 A씨는 '자신의 눈빛이 사납다'는 고민을 의사에게는 한마디도 하지 못했기 때문입니다. 그래서 본인도 '사교 불안증'이라고 진단하지 않았습니다.

'잠을 못 잔다', '기분이 침울하다', '영업이 괴롭다'라는 이야기는 했지만 깊은 곳에 숨어 있던 원인, 즉 '눈빛이 사납다'는 고민에 대해서는 이야기하지 못했죠.

사교 불안증으로 고생하는 사람은 의사에게도 불안을 느껴 솔직하게 자신의 고민을 말하지 못하는 경우가 많습니다. 진찰조차 받지 않고 병원에 가는 것이 부끄럽다는 사람도 있을 정도입니다.

'이런 말을 하면 이상한 사람이라고 생각할 것이다' 또는 '이런 말을 하면 의사가 골치 아픈 환자라고 생각하지 않을까' 생각하여 조심하는 '착한 사람'이 많습니다.

개중에는 '대학생이나 고등학생 때부터 힘들었는데 영업 일을 하다가 궁지에 몰려 휴직한 후에야 비로소 병원을 찾았다'는 분도 있습니다.

없던 자신감도
생긴다

원래 사람들 앞에서 이야기하는 게 괴로웠는데 회사에 입사하고 나니, 혹은 인사이동이 있어서 우연히 배속된 곳이 영업부였다는 케이스도 있습니다. A씨도 그랬습니다.

또 기술직으로 채용되었는데 입사 직후 연수의 일환으로 영업을 해야만 하는 경우도 있습니다.

"혼자 프로그램을 작성하는 등 컴퓨터를 좋아해서 프로그램 엔지니어가 되었는데 고객의 요구를 들어보지 않고서는 프로그램을 작성할 수가 없었다. 생각했던 것보다 고객과 마주칠 기회가 많아서 힘들다"는 상담을 받은 적도 있습니다.

아무튼 A씨는 일주일에 한 번, 50분씩 약 4개월 동안 후생노동성의 홈페이지에도 게재되어 있는 사교 불안증의 인지행동요법 패키지 총 16회를 이수하고 서서히 회복되어 갔습니다.

구체적으로는 인지의 왜곡을 수정하고 안전행동을 그만두었으며, 주의의 이동이나 폭로요법 같은 행동 실험, 기억의 갱신 과정을 거치기도 했습니다. 최종적으로는 병이 다 나았다는 진단을 받을 수 있게 되기를 목표로 삼았던 것입니다.

A씨는 인지행동요법을 받는 동안 여러 가지를 깨달았습니다. 그중 하나가 지금까지 억지웃음을 짓는 게 당연하다고 생각했는데 그냥 보통 얼굴로 이야기해도 충분했다는 사실입니다. 다른 사람이 자신의 눈을 보고 싫은 기분을 갖는 경우가 거의 없다는 사실을 깨달은 것입니다.

곰곰이 생각해보면 "너의 눈은 사납다"고 말했던 것은 아르바이트 가게의 점장 한 사람뿐이었던 것이죠.

A씨는 그 후 낯가림을 극복하고 복직하여 영업 실적도 순조롭게 향상되어 좋은 결과를 냈고, 상사로부터 칭찬받는 정도까지 이르렀던 모양입니다.

현재는 재발 방지에도 애쓰면서 영업 일을 정력적으로 하고 있습니다. 원래 일은 정확하고 꼼꼼하게 처리하는 사람이었으므로 많은 고객의 마음을 사로잡을 수 있었던 것인지도 모릅니다.

A씨의 이야기는 상당히 감동적이고 멋지게 보였습니다. A씨처럼 낯가림이 원인이 되어 '영업을 잘하지 못한다', '좋은 인간관계를 쌓지 못한다'는 고민을 가진 분이라면 꼭 낯가림을 극복하기 바랍니다. 또 '낯가림이 있는 사람이야말로 그것을 극복하기만 하면 좋은 영업자가 될 수 있다'는 메시지도 이 책을 통해 전하고 싶은 것 중 하나입니다.

딱 15분만
걱정한다

낯가림이 있는 사람을 늘 따라다니는 것이 '긴장감'
입니다.

적당한 긴장감을 자신의 편으로 잘 만들기만 하면 일
을 준비할 때 정밀도가 올라가고 일의 질까지 높일 수 있
습니다. 하지만 긴장감이 과도하게 커지면 마음속에 걱
정과 불안 같은 것이 지배하여 '아무리 잘 준비해도 만
족할 수 없다'는 상태가 되고, 결국 불면증이 찾아오거나
피곤에 절은 상태가 되고 마는 것입니다.

여기에서는 긴장감이 너무 과도하여 생기는 '지나친 준비'에 대해 다뤄보겠습니다.

앞서 말한 대로 낯가림이 있는 사람은 꼼꼼하고 진지한 분이 많아서 일에 대한 준비도 정성 들여 합니다. 하지만 이것저것 너무 생각하다가 두 시간이고 세 시간이고 보내다 보면 일의 생산성이 전혀 오르지 않습니다. 지나친 준비는 필요 없습니다.

약간의 준비는 필요할 테니까 시간을 정해두세요. 완벽하지 않아도 됩니다. 물론 아무것도 하지 않는 것은 문제가 되므로 적당히 하는 것이죠.

다만 '적당히'라고 해도 그것이 어느 정도인지 알 수 없다는 분도 있을지 모릅니다.

이 책에서는 앞서도 '끙끙대는 시간은 딱 15분'이라고 제안했습니다만 그와 마찬가지로 일을 준비하는 시간도 15분 정도로 끝마치는 편이 좋습니다.

제가 준비하는 방식은, 최악의 패턴과 최선의 패턴을 생각하고 그것으로 끝냅니다.

최악의 경우란, 이를테면 내일 영업을 나갈 경우 "너는 태도에 문제가 있으니까 계약 같은 건 못해!", "우리 상사는 너를 좋아하지 않으니까 너희 회사와는 거래하지 않을 것 같아" 하는 말을 듣고 끝나는 패턴입니다.

최선의 경우는, "자네, 제법 괜찮은데. 자네 말이라면 무엇이든 좋아", "자네 말이라면 들어보지. 뭐든 도장 찍어줄게" 하며 자신을 100퍼센트 인정해주고 계약해주는 패턴입니다.

상식적으로 생각해보면 이러한 최악의 패턴도, 최선의 패턴도 쉽게 일어나지 않습니다. 대개는 '자네 말은 잘 알겠지만 뭔가 좀 더 해줄 수는 없을까?' 하며 협상을 걸어올 것입니다.

그러므로 그 이상을 생각해봤자 별수 없게 됩니다. 그런 생각을 하는 것은 15분 정도가 적당합니다.

눈앞에 있는 것에
집중한다

또 준비를 너무 하거나 끙끙대며 고민할 때는 그 시
간을 시급으로 환산해보는 것도 효과가 있습니다. '30분
동안 고민하면 내 시급으로 환산했을 때 5,000원을 쓴
셈이 된다'고 생각하는 겁니다. 너무 현실적으로 들릴지
도 모르겠지만 그렇게 생각하면 애써 고민했던 게 아까
워질 겁니다.

병에 걸릴 정도로 고민하는 것보다 그만큼 냉정하게
타산적으로 생각하여 고민하지 않는다면 정신적으로도

건강해집니다.

그래도 긴장감이나 불안감이 사라지지 않을 경우에는 불안 미터기 항목에서 말한 것처럼 긴장감이나 불안감에 0부터 100까지 점수를 매겨보는 것입니다.

불안 미터기가 100에 가까운 경우는 최악의 패턴만 생각하고 맙니다. 고민거리를 50 정도까지 낮춰보도록 하세요.

불안 미터기를 낮추기 위해서는 주의를 다른 곳으로 이동시켜야 합니다. 마음이 불안해지는 것은 내일의 일에 대해서만 줄곧 생각하기 때문입니다.

예를 들어, 눈앞에 있는 가족의 얼굴을 보면 아이의 머리가 많이 자랐다, 혹은 아내의 안색이 좋다 등등 지금까지 눈치 못 챘던 것을 알아차릴 수 있습니다. 텔레비전을 보고 있었다면 어딘가 먼 곳을 바라보는 게 아니라 눈앞의 텔레비전에 집중하는 것도 좋겠죠.

즉, 내일의 일을 미리 끙끙대며 걱정하기보다 그 밖의 당면한 현실에 주의를 돌리는 편이 좋습니다. 주의를 돌릴 대상은 무엇이든 상관없습니다. 유연하게 주의를 돌릴 대상을 자유롭게 옮기는 것이 중요합니다.

특히 가정이 있는 분은 가족에게로 주의를 돌려보세요. 가족에게 관심을 갖고 있지 않았다면, 배우자의 경우 평소에 '나는 전혀 신성 쓰지 않는구나' 하고 불만스럽게 생각할 테고, 아이 역시 '내게 관심이 없어' 하고 생각하는 순간 쓸쓸해서 마음을 닫아버릴지도 모릅니다.

어쩌면 주의를 옮겨가는 동안 '나는 일만 해왔으니까 가족과의 시간을 좀 더 소중히 여겨야만 해', '일 말고는 운동도 하지 않아서 몸이 안 좋아. 좀 더 건강에 신경 써야 해' 하고 지금까지 생각지 못했던 것을 알아챌지도 모릅니다.

낯가림을 치료하는 과정에서 균형감 있는 인생을 위해 수정할 수 있다면 그보다 좋은 것은 없겠죠.

또한 하루에 15분 정도 자신이 정말 즐기는 것을 할 시간을 만들 수 있다면 이상적입니다. 솔직히 말해 '고민하는 시간'을 만들기보다 '자신이 즐거운 시간'을 우선적으로 만들기 바랍니다.

대화의 규칙을
철저히 지키지 않는다

지금 시중에 나와 있는 대화법 관련 책들은 '긍정의 고수', '듣기의 고수'가 되라고 말합니다.

앞에서 말한 '경청', '수용', '공감'을 명심한다면 '긍정의 고수', '듣기의 고수'는 누구나 될 수 있습니다.

덧붙여 잘하려고 목표치를 상향 조정하기 때문에 불안이 높아져 잘되지 않는 것이므로 '애써 긍정하지 않아도 된다', '애써 대꾸하지 않아도 된다'고 생각하는 것이 중요합니다.

'경청'이나 '수용'처럼 우선 명심해야 할 것은 상대방을 부정하지 않는 것입니다. 그리고 적당히 "그렇군요" 하고 대꾸하며 상대방의 말을 이끌어내면 됩니다.

이 책에서는 '자신을 칭찬하는 습관'에 대해 몇 번씩 소개했지만 그것은 '타인을 칭찬하는 습관'과도 관련이 있습니다. '타인을 칭찬하는 습관'이 몸에 배면 상대방과의 대화를 통해 자연스럽게 공감할 수 있는 힘도 생깁니다.

자신을 칭찬하는 일은 대화를 할 때도 의외로 중요하다는 사실을 알게 됩니다.

아침에 자신이 이를 닦을 때도 "잘했어", "훌륭해" 하고 말할 수 있다면 칭찬의 기준이 낮아져서 어떤 것에도 칭찬할 수 있습니다.

자신을 칭찬하는 기준치가 낮아지면 상대방의 이야기가 별것 아니더라도 금방 칭찬할 수 있습니다(대화의 90퍼센트 정도는 별것 아닌 시시한 내용임을 떠올려주세요).

또 '대화의 규칙'을 너무 정확히 지키려 하지 않는 것도 중요합니다.

대화법 관련 서적에서는 여러 가지 대화의 규칙이 적혀 있을지도 모르겠지만 대화라는 것은 인간관계 그 자체이며 인간관계에는 규칙이 없습니다. 대화는 캐치볼 같은 것이라 오히려 이상하게 규칙을 만들면 원만하게 이루어지지 않는 경우가 생깁니다.

앞에서 말한 '경청', '수용', '공감'이라는 세 가지 대화의 원칙을 참고해주세요. 인간관계에서 가장 중요한 기본 스킬입니다.

망상이라도
우선은 경청한다

정신과 의사로 일하다 보면 다음과 같은 흥미진진한 일도 겪습니다.

정신과 의사라면 보통 분명 '사실이 아니다'라고 여겨지는 이야기도 일단은 수용하려고 노력합니다. 정신과에는 통합실조증인 분도 있으므로 망상일 수밖에 없을 것 같은 이야기도 합니다. 하지만 그 사람에게는 그것이 진실이므로 저도 그것을 우선은 부정하지 않고 경청하려 애씁니다.

병원에서 당직을 서던 때의 일입니다. 남성이 부인과 함께 구급차에 실려 와서 배가 아프다고 호소했습니다. 그래서 진찰을 해보고 "뭔가 짚이는 데가 있습니까?" 하고 물었더니, 그 남성은 "실은 어젯밤에 하늘을 날던 원반이 우리 집 위로 와서 방사선을 발사했습니다. 그래서 배가 아픈 게 아닐까 생각합니다"라고 대답했습니다.

"그런가요?" 하고 부인에게 물어보니 부인 역시 "맞아요, 정말 하늘을 나는 원반이 매일 와서 곤란해 죽겠어요" 하고 대답했습니다.

이것은 전문용어로 말하면 '2인정신병'이라고 진단합니다.

부부 중 한 사람이 망상을 갖게 되면 그것이 또 다른 한쪽으로 옮아가는 경우가 있습니다.

정신과 의사는 이런 경우에도 이야기를 경청한 후 일단은 "그렇군요" 하고 대답하는 것에서부터 시작하는 게 기본입니다.

이 태도는 비즈니스 현장에서 억지를 부리는 상대방이 있어도 응용할 수 있습니다. 자세한 것은 잠시 후 더 설명하겠습니다.

성실한 대응이
강점이 된다

낯가림이 있는 사람의 커다란 무기는 '풍부한 감수
성'입니다.

낯가림이 있는 사람은 인간관계에 너무 예민하므로 다
른 사람과의 약속을 최선을 다해 지키려는 경향이 있습
니다. 그래서 '저 사람이라면 괜찮다'고 사람들로부터 굳
건한 신뢰를 쉬이 얻을 수 있습니다.

앞에서 거론한 수전 케인 씨의 '내향적인 사람의 힘'
에 대해 떠올려보세요. 내향적인 사람은 깊이 생각한 끝

에 발언하므로 그들이 불쑥 내뱉는 말에는 상당한 무게가 있습니다. '그래서 이 사람은 신용할 수 있다'는 인상을 줄 수도 있습니다.

외향적인 사람은 수다스러워 말 하나하나가 가볍게 느껴지는 경향이 있으므로 작은 계약을 많이 획득하는 일과 어울릴 것 같습니다.

한편 '낯가림이 있지만 힘이 있는 사람'은 좀처럼 많은 계약을 성사시키지는 못하지만 이따금 1억 원 정도의 큰 계약을 따냅니다. 본인이 내향적인 사람이거나 혹은 주변에 내향적인 사람이 있다면 부디 이런 이미지를 기억하고 내향적인 사람의 힘을 믿어보세요.

현대 사회에서는 외향적인 사람이 더 좋은 평가를 받기 쉬운 한편 내향적인 사람은 좋은 평가를 받기 힘든 것이 사실입니다. 하지만 내향적인 사람이 아니면 할 수 없는 일도 많이 있습니다.

"저는 낯가림이 있는데 무슨 문제가 되나요?" 하고 자신을 어필할 수 있었으면 좋겠고, 사회 역시 그것을 받아들여주는 방향으로 나아가는 것이 바람직하다고 생각합니다.

현실적으로는 좀처럼 사회가 낯가림의 가치를 인정하지 않는 경향이 있지만 그래도 알아주는 사람은 어디에나 있습니다.

그렇다면 최소한의 커뮤니케이션 스킬을 익혀 가능한 범위에서 낯가림을 치료하고, 알아주는 사람을 자신 주위에 계속 늘려가지 않으시겠습니까.

물론 최종 목표 지점은 '가볍고 말주변 좋은 외향적인 사람'이 아닙니다. 그 목표를 절대 착각해서는 안 됩니다.

기본적으로 낯가림은 치료하면 편해집니다. 하지만 태생적인 낯가림은 일하는 데 있어서 플러스도 있습니다. 낯가림을 부정적으로 생각하지 말고 자신의 장점 가운데 하나라고 생각해주세요.

낯가림이 있는
그대로 괜찮다

낯가림이 있는 사람과 대비하기 위해 '조금은 가볍고 말주변이 좋은 사람' K씨의 사례를 소개하겠습니다.

K씨는 영업자입니다. 실적이 좋고 물건도 잘 팔 자신이 있습니다. 틀림없이 그는 말솜씨로 타고난 사람이며 밝습니다. 하지만 안타깝게도 성실함 면에서는 약간 부족합니다.

실제로 거래처에서 "당신 말을 듣고 무척 재미있을 것 같아서 샀는데 상품이 별로 좋지 않았다"고 나중에 항의가 들어오는 경우도 적지 않았습니다.

그는 말을 잘하기 때문에 하나둘 고객을 한 사람 한 사람 늘려갈 수 있었지만 인간관계는 그리 오래 지속되지 못했고, 대형 고객도 좀처럼 잡을 수 없었습니다.

'낯가림이 있는 사람'은 말주변이 좋은 사람을 부럽다고 생각할지 모르겠지만 K씨는 좀 지나쳤습니다.

대화의 고수, 처세의 고수를 질투할 필요는 전혀 없습니다.

K씨의 경우는 '둔감한 힘'이 너무 강하고 반대로 '섬세한 힘'이 부족했습니다. 그래서 클레임도 많아졌습니다. 그렇게 생각한다면 어느 정도의 민감함, 섬세함도 필요하다 할 수 있습니다.

이와 같이 인간관계에 있어서는 '민감한 사람'과 '둔감한 사람'이 있고, 또 그럼으로써 사회가 형성되는 것입니다. 저마다 장점과 단점이 있습니다. 모두가 똑같이 균일하다면 세계는 어떻게 될까요. 애당초 생물의 유전자는 '다양성'이 우선합니다.

예를 들어, 화산이 폭발하기 전의 징조로 지진이 일어났을 때 민감한 사람들은 도망치고 둔감한 사람들은 거기에 남습니다. 유전적인 기질의 차이에 따라 행동이 다른 것입니다. 그 후 화산이 대폭발하여 용암이 덮치면 도망치지 못한 둔감한 유전자를 가진 사람들의 경우 사망자가 다수 나와 그 수가 줄어듭니다.

한편 도망친 민감한 사람은 살아남아 그 수가 증가합니다. 만약 둔감한 유전자뿐이었다면 인류는 유전자를 유지할 수 없었을 것입니다. 즉, 도망치지 못함으로써 인류는 멸망할 가능성이 있는 것입니다. 유전자의 다양성이라는 것은 이러한 사고방식입니다.

하지만 위험을 눈치채고 도망친 쪽으로 용암이 흘러들어 대참사가 벌어지고, 반대로 아무런 대책도 세우지 못했던 사람들 쪽이 살아남을 수도 있겠죠. 결국 장차 무슨 일이 벌어질 것인가는 예측이 쉽지 않습니다.

그러므로 하나의 종이 절멸을 모면하기 위해서는 여러 패턴의 유전자를 만들어두고 다양하게 행동함으로써 그 중 일부가 살아남으면 됩니다. 그것이 생물의 다양성이 존재하는 이유라고 생각합니다.

인류도 다양성이 담보되지 않았다면 지금까지 오는 동안 어느 단계에서 멸종되었을지 모릅니다.

모두가 다 말주변이 좋은 외향적인 사람뿐이라면 전체로서는 곤란하게 되겠죠. 내향적이며 낯가림이 있는 사람도 필요하기 때문에 살아남은 것입니다.

그러므로 당신이 가령 낯가림이 있다고 해도 자책할 필요는 없습니다. '당신이기 때문에 오히려 좋다'고 긍정적으로 생각해주세요.

서로의 다름을
인정한다

협상 때뿐만 아니라 평소 가볍게 알고 지내는 사이
에서도 '상대하기 벅찬 사람'은 있습니다. 사소한 문제로
자신의 우위를 과시하거나 상대방을 폄하하는 말을 거침
없이 하는 등…….

물론 종적인 관계라면 어쩔 수 없는 경우도 있겠지만
이러한 고압적인 커뮤니케이션은 '우월적 지위에 의한
괴롭힘(power harassment)'으로도 발전할 수 있습니다. 그
결과 상대방의 권력에 휩쓸리게 되면 가급적 적극적인

커뮤니케이션을 열망하게 됩니다.

적극적인 커뮤니케이션이란 말 그대로 적극적으로 자기주장을 한다는 의미입니다. 자신의 의견을 억지로 강요하는 게 아니라 상대방의 의견도 존중하면서 대등한 인간관계를 구축하려는 자세를 가리킵니다.

적극적으로 응함으로써 마음의 건강에 좋은 커뮤니케이션을 할 수 있습니다. 그럼 상대하기 벅찬 사람과는 어떻게 대치하면 좋을까요?

'당신은 틀렸다', '당신은 안 된다'고 대화 상대를 부정하는 커뮤니케이션을 공격적(aggressive)인 커뮤니케이션이라고 합니다. 그 말을 듣고 '나는 틀렸습니다', '나는 안 됩니다' 하고 자신을 부정하는 커뮤니케이션을 수동적(passive)인 커뮤니케이션이라고 합니다.

'당신은 옳습니다', '당신은 OK입니다' 하고 상대방을 긍정하면서, 동시에 '나도 옳습니다', '나는 OK입니다' 하고 자신도 긍정하는 커뮤니케이션을 적극적(assertive)인 커뮤니케이션이라고 합니다.

영업직일 경우에는 공격적인 커뮤니케이션으로, 억지를 부리는 상황에 맞닥뜨리는 경우도 있을 것입니다. 그럴 경우에는 상대방의 주장에 두려움을 느끼지 말고 이 야기를 듣는 것에서부터 시작해보세요.

우선은 "과연 그런 말씀이시군요" 하고 말하며 상대방의 입장을 배려하면서도 굴복은 하지 않는 자세로 시작합니다.

앞의 '하늘을 나는 원반' 이야기로 비유하자면, "아니, 당신, 하늘을 나는 원반 같은 게 있을 리 없잖아요" 하는 반박은 피해야 합니다. 그러면 처음부터 상대방을 부정하게 되어버립니다. 상대방에게 상처 입히지 않는 자세로 '당신은 OK입니다' 하는 대응 방식을 몸에 익히도록 해보세요.

목표가 되어야 할 적극적인 커뮤니케이션에서는, '당신의 주장은 이해할 수 있지만 그래도 나는 이렇게 생각하기 때문에 거기에는 서로 간의 차이가 있습니다' 하는 대화 방식이 될 겁니다. 그리고 상대방과 자신이 문제를 공유하고, 그 문제의 장점과 단점을 거론하며 놓친 부분을 찾아가는 방향으로 나아갈 필요가 있습니다.

'당신의 주장은 받아들일 수 없다. 나는 이렇게 생각한다'고 상대방을 부정하고 자신의 주장을 전면에 내세우면 공격적인 커뮤니케이션이 되어버리기 때문에 처음부터 터 협상이 되지 않습니다. 서로의 차이를 인정하는 것에 서부터 시작해보세요.

'당신은 하늘을 나는 원반이 있다고 생각합니다'라고 우선 상대방의 가치관을 수용하고, 상대방을 긍정하는 것이 중요합니다. 다만, 그렇다고 해서 자신의 의견을 꺾으라는 것은 아닙니다.

솔직함이
정답이다

그런 한편으로 "틀림없이 하늘을 나는 원반은 있습니다" 하고 마음에도 없는 말을 하는 것은 적극적인 커뮤니케이션이 아니라 수동적인 커뮤니케이션이 됩니다.

수동적인 커뮤니케이션도 표면적으로는 자연스럽게 진행이 됩니다만 이 역시 길게 이어지면 스트레스가 쌓입니다.

마음속으로는 '하늘을 나는 원반 같은 게 있을 수 없는데' 하고 생각하면서도 그것을 표면적으로 계속 인정하다 보면 스트레스가 쌓이게 됩니다. 그러므로 "하지만 나는 안타깝게도 지금까지 하늘을 나는 원반을 본 적이 없습니다" 하고 말하는 것이나 다름없는, '나는 옳다'고 자신을 긍정하는 자기주장을 시도하는 것이 정답입니다.

상대방과 자신의 사고방식 차이가 어디에 있는지 찾아가는 것이 적극적인 커뮤니케이션입니다.

이렇듯 자신을 긍정하는 자기주장의 방식을 의식하지 않으면 낯가림이 있는 사람은 적극적이지 못한 수동적인 방향으로 흘러가기 쉬운 경향이 있습니다. 아무래도 상대방과 충돌하는 게 싫어서 '나'의 기분을 꺾고, 무조건적으로 상대방의 주장을 긍정하며 자신의 주장을 부정해버리는 것입니다.

그럴 경우에는 이렇게 생각해보세요.

'자신의 의견을 일찌감치 꺾거나 자신의 의견을 숨기고 왜곡하는 사람을 더 신용할 수 없다.'

어떻습니까?

인간은 모든 것에 "예스"라고 말하면 자신이 '벌거벗은 임금님'이 되어버린 것 같아 경계심이나 불신감을 품습니다.

물론 심술부리듯 억지로 다른 의견을 말할 필요는 없습니다만 어느 정도는 자신의 의견을 말해주는 편이 더 쉽게 신뢰를 얻을 수 있습니다.

공격적인 상대에게는
'망가진 레코드법'으로 대항

그렇다면 상대하기 벅찬 협상가이기는커녕 노골적으로 '당신은 틀렸다'고 공격적인 커뮤니케이션을 해오는 사람에 대해서는 어떻게 대처하면 좋을까요?

우선은 적극적인 커뮤니케이션을 지속하는 '망가진 레코드법'이 효과적입니다. 젊은 사람들 중에는 레코드로 노래나 음악을 들어보지 못한 사람도 많을 테지만 망가진 레코드를 틀면 똑같은 대목을 몇 번이고 재생하는 경우가 있습니다.

망가진 레코드법은 거기에서 착안한 것인데, 같은 내용을 한결같이 계속 반복하여 말하는 방법입니다. 일반적인 설득이 통하지 않는 상대에게는 상당히 효과적입니다.

예를 들어 당신이 점원이라 치고, 한 손님이 가게에서는 환전을 해줄 수 없는데도 "꼭 좀 환전해달라"고 억지를 부립니다. 그 손님에게 망가진 레코드법을 사용하면 다음과 같이 됩니다.

"죄송합니다. 몇 번이나 말씀드렸다시피 환전은 불가능합니다."

"환전은 해드릴 수 없습니다. 죄송합니다."

"아무튼 환전은 불가능합니다."

이처럼 같은 대사를 몇 번이고 반복하는 것이 망가진 레코드법입니다. 누구나 금방 사용할 수 있는 간단한 방법입니다.

상대방이 그 이유를 물어도 대답하지 않으면 됩니다. 이쪽에서 이유를 설명하기 시작하면 말싸움으로 번져버립니다. 그러다 할 말이 궁해지면 그때 상대방이 공격해올지도 모릅니다.

하지만 당신이 망가진 레코드가 되면 파고들 틈이 없습니다. 상대방이 뭐라고 말하든 자신을 타이르듯 천천히 똑같은 대사를 반복하면 되는 것입니다.

때로는 도망치는 게 최선이다

요즘 사회는 '손님은 왕'이라는, 어느 의미에서 편향된 '고객 지상주의'가 만연해 있다 해도 과언이 아닙니다.

어느 패스트푸드 체인점에서는 접객 매뉴얼에 "손님에게는 절대 불평해서는 안 된다. 그냥 미안하다고만 하자"라고 쓰여 있는 모양인데, 이런 문화는 동양 문화 특유의 것입니다.

서양의 경우 점원과 손님은 대등합니다. 하지만 우리는 손님이 화를 내면 무조건 사과해야만 한다고 하는데 이러한 사고방식은 일하는 방식의 문제와도 직결됩니다.

시스템 엔지니어의 세계에서는 고객이 억지 클레임을 끊임없이 거는 경우가 많은 듯합니다.

따라서 무조건 사과하며 납품한 시스템을 다시 고쳐줘야만 합니다. 그래서 노동시간이 한없이 길어지고 생산성도 저하됩니다.

이때 적극적인 커뮤니케이션을 떠올려주세요.

클레임이 들어왔을 경우, "그것은 손님 말씀이 지당하지만 저희도 사전에 조건을 제시해드렸습니다" 하는 식으로 협상하는 게 기본적인 관계라고 생각합니다. 하지만 대개는 다른 회사가 그러지 않으니까 우리 회사도 거기에 맞춰야만 한다고 생각하여, 불합리한 경우에도 사과하는 수동적인 커뮤니케이션이 습관화되어 있는 듯합니다. 안타깝기 그지없습니다.

최근에는 곳곳에서 '근무 방식의 개혁'이라는 것을 부르짖게 되었습니다. 일하는 방식을 바꾸려면 커뮤니케이션에 대한 불평등한 사고방식을 바꿔야 하고, 서양처럼 대등하고 적극적인 커뮤니케이션이 좀 더 뿌리내려야 한다고 생각합니다.

한편 수동적인 커뮤니케이션을 중시하면 상대방에게 문제가 있는 경우 궁지에 몰리게 될 우려도 있습니다.

직장에서는 우월적 지위에 따른 괴롭힘의 문제도 커지게 됩니다.

'사이코패스'라고 불리는, 타인을 괴롭히는 데서 쾌감을 느끼는 사람들이 있습니다.

정신적으로 문제가 있는 사람이 연공서열로 인해 회사에서 계장이나 과장 같은 일정한 지위를 차지하고 있는 경우에는 사실 답이 없습니다. 권력을 이용해 괴롭히는 사람을 상대하다 보면 망가진 레코드법으로도 소용이 없는 경우가 있습니다. 그럴 경우는 '도망치는 게 상책'입니다.

애당초 타인을 괴롭히고 그것을 삶의 보람으로 삼는 사람이 있다면 사회 속에서 교정하는 시스템이 필요합니다. 그 시스템을 정비하는 일이 현실적으로 어렵기는 합니다만 회사 안에서 괴롭힘에 대한 상담 창구를 개설하는 방법도 있을 것입니다.

학교에도 진상 학부모라는 말이 있습니다만 가게에도 진상 고객이 있고, 병원에도 진상 환자의 존재가 문제가 되고 있습니다.

이러한 사람들은 자신의 주장이 당연한 권리인 듯 착각합니다. 하지만 자신과 상대가 있고, 각자의 형편에 따라 차이점이 있다면 어떻게 문제를 해결해야 할지 고민하는 것이야말로 기본적인 커뮤니케이션의 자세입니다.

이처럼 서로의 생각을 존중하는 커뮤니케이션이 좀 더 사회로 확산되면 모든 일이 자연스럽게 풀릴 것이라 봅니다.

~~~~~
~~~~~
~~~~~

스몰 토크로
거리를 좁힌다

상대와 자신 양쪽이 다 낯가림이 있는 경우 커뮤니
케이션에 전혀 발전이 없을 수도 있습니다. 두 사람의 거
리를 좁히기 위해 어떻게 하는 것이 좋을지 생각해보겠
습니다.

우선 생각해볼 수 있는 것은 사소한 이야기, 잡담으로
분위기를 훈훈하게 만드는 일입니다.

잡담을 영어로는 '스몰 토크(작은 이야기)'라고 합니다.

세상 사는 이야기 자체가 괴로운 사람도 있을지 모릅

니다. 하지만 치졸한 스몰 토크라 해도 시간을 들여 잡담하려는 자세는 '당신에게 관심이 있다'는 플러스적 메시지가 됩니다.

스몰 토크의 소재로는 '상대방의 패션 같은 눈에 띄는 것을 칭찬한다'는 전략이 최고이며, 외국인의 경우 우선 상대방의 액세서리나 소지품 등을 '멋지다'고 칭찬하는 데서부터 대화를 시작하는 게 일반적입니다. 하지만 저도 이러한 잡담은 잘하지 못합니다.

제 스몰 토크는 뉴스거리입니다. 포털 사이트의 뉴스의 제목만 보고 내용은 보지 않았더라도 "이런 말이 적혀 있었는데요" 하고 대화를 시작합니다.

"뉴스에 이런 일이 있었는데요" 하는 말머리는 대화의 좋은 윤활유가 되어줍니다.

"저는 이런 뉴스가 신경이 쓰였는데, 뭔가 마음에 걸리는 뉴스가 있었습니까", "어제 축구 시합이 재미있었습니다", 이렇게 말을 꺼내는 방식입니다.

하지만 겨우 용기를 내어 스몰 토크를 했는데 상대방의 반응이 어정쩡한 경우도 생길 수 있습니다.

그것은 당신이 꺼낸 이야깃거리를 상대방이 모를 경우

도 있고, 흥미가 없었던 것인지도 모릅니다. 하지만 여기서 실망할 필요는 전혀 없습니다.

중요한 점은 '스몰 토크가 어긋나는 경우도 있다'고 직접 체험해보는 일입니다. 반대로 당신이 상대방의 스몰 토크에 대응하지 못하는 경우도 있을지 모릅니다.

예를 들어 야구 이야기를 아무리 해도 당신이 야구에 관한 지식이 전혀 없을 경우입니다. 그런 경우는 "흥미는 없지만 알고 싶습니다", "어떤 팀이 있는지 가르쳐주십시오" 하고 이야기를 확장해가면 되겠죠.

"재미있을 것 같아서 다음에는 저도 한번 보러 가볼까 합니다."

이런 식으로 말하면 상대방도 상처받지 않고 부드러운 분위기가 조성될 것이 틀림없습니다.

세상 모든 일이
화제가 된다

점차 공통된 화제로 핏대를 세울 수 없는 시대가 되어가고 있습니다.

옛날에는 모두 비슷한 라이프 스타일을 가지고 있어서, 히트곡이나 히트 상품은 모두가 알고 있었습니다.

모두가 똑같은 영화와 텔레비전 프로그램, 드라마를 보았고, 똑같은 아이돌의 팬이었으며, 똑같은 히트곡을 읊조리고 똑같은 책이나 잡지를 읽었던 시대를 보냈습니다. 현대에 들어서는 온갖 분야에서 다양한 상품과 서비스의 수가 폭발적으로 증가하여 공통된 취미나 오락에 대한 대화가 상당히 힘들어졌습니다. 선택지가 너무 늘어난 것입니다.

제가 어렸을 때는 누구를 만나든 다음과 같은 대화가 가능했습니다.

"어젯밤 8시에는 드리프터스(The Drifters, 1970년대부터 1980년대까지 일본에서 왕성하게 활동했던 음악 밴드이자 콩트 그룹_옮긴이)의 〈8시다! 전원 집합〉(TBS)을 보고, 밤의 히트 스튜디오(후지TV)에서 〈루비의 반지〉를 들었어……."

"나도 봤어, 봤어."

하지만 요즘 들어서는 이와 같은 대화가 이미 성립할 수 없게 되었습니다.

거꾸로 말하자면 '흥미가 딱 맞는 경우가 더 어렵다'는 정도의 인식이라 해도 좋을 것입니다. 이렇게 생각하면 왠지 마음이 편해집니다.

그리고 '금방 화제를 바꾸는 것은 나쁜 게 아니다'라고 생각하는 것입니다.

정치가의 부패 이야기에 흥미가 없는 것 같으면 3초 만에 끝내고 야구 이야기로 옮겨가는 것도 방법입니다.

그 야구 이야기도 3초 만에 끝나버리면 화제가 되고 있는 아이돌 그룹의 이야기로 바꾸면 됩니다.

극단적으로 말해 화제로 삼아서 안 될 것은 없습니다. 그만큼 느긋한 기분으로 있으면 됩니다.

옛날에는 서양인과 '정치와 종교 이야기는 하면 안 된다'고 말했던 모양이지만 그 원칙도 요즘 들어서는 상당히 변한 것 같습니다.

물론 "이 화제는 좀 그런데" 하고 모두가 왠지 조용해지는 경우도 있을지 모릅니다.

하지만 그럴 때도 밝고 활기차게 "다음 이야기로 넘어가죠" 하고 말하면 됩니다.

반드시 대화의 기술에만 한정되는 것은 아닙니다만 사교 불안증인 사람이 쉽게 빠지는 함정은 '규칙에 얽매인다'는 것입니다. 규칙에 너무 얽매어 꼼짝달싹 못하게 된 끝에 아무것도 할 수 없게 되는 경향도 있습니다. 너무 지나치게 금기시하지 않는 편이 마음을 좀 더 편하게 할 수 있습니다.

누구보다 나를
긍정하고 공감한다

규칙은 없다, 금기는 없다고 말했지만 이 책 마지막에서는 공감받기 쉬운 대화법에 대해 말씀드리려고 합니다.

대원칙은 '험담을 하지 않는 것', '부정적인 말은 하지 않는 것'입니다.

이것은 윤리적으로도 당연한 이야기입니다. 자신도 모르게 남에 대해 험담을 하고 말았을 때는 균형감 있게 그 사람의 좋은 점을 이야기하여 지지의 입장을 밝혀두세요. '그 사람의 좋은 점과 나쁜 점을 함께 이야기하는 것'을 명심해주세요.

"이런 점은 당신의 나쁜 점이라 고쳤으면 좋겠고, 당신의 좋은 점이나 강점은 이런 것이므로 그건 더욱 키워나갔으면 좋겠습니다."

이런 말을 할 수 있게 된다면 결코 험담처럼 들리지는 않습니다. 이는 '대화의 균형감을 갖는 일'입니다.

또한 자신도 모르게 부정적인 말을 하는 사람은 '자기 자신을 긍정할 수 없고 자기 자신에게 공감할 수 없는' 경향이 있기 때문일 것입니다.

무엇보다 '자신이, 우선 자기 자신을 긍정하고 공감하는 일'이 중요합니다.

애당초 타인에게 칭찬을 받는 것은 초등학생이나 유치원생이 아닌 한 좀처럼 어려운 일입니다. 어린아이라면 옷만 잘 갈아입어도 칭찬받고, 인사만 잘해도 훌륭하다고 칭찬을 받습니다.

한편 어른이 되고 회사원이 되었다고 생각해보세요.

만약 일을 잘했더라도 '월급을 받고 있으니까 당연한' 것이므로 요란하게 칭찬받는 경우는 거의 없습니다. 더 나아가 여러 사람들 앞에서 칭찬받을 기회도 급격히 줄어듭니다.

그렇기 때문에 타자의 칭찬을 섣불리 요구하지 말고, 우선은 자신이 스스로 칭찬하며 실력을 키워가는, 그러한 생활 방식을 목표로 삼는 게 중요합니다. 자신을 받아들이고 자신의 현재 상황을 긍정하는 것입니다. 자신에게 공감할 수 있으면 상대방에게도 쉽게 공감할 수 있습니다.

지금까지 '타인에게 칭찬받은 적이 없다'는 사람은 앞으로 자신 스스로를 칭찬해주면 됩니다.

또는 얼마 되지 않는 칭찬의 경험을 열심히 떠올려보는 것이 이상적입니다. '평생 한 번은 칭찬받은 적이 있다'는 소중한 경험은 누구라도 있을 겁니다. 그때를 열심히 떠올려보세요. 가끔은 '과거의 영광'에 의지해도 괜찮습니다.

지금부터 타인에게 좋은 평가를 얻기 위해 새롭게 노력할 필요는 없습니다. 당신은 지금 당신 그대로도 괜찮습니다. 이렇게 생각하면 자신감이 붙고 낯가림은 점점 사라집니다.

사람을 상대하는 일을 하는 사람뿐만 아니라 어떤 일을 하든 낯가림이 있는 사람은 그 풍부한 감수성 때문에 좀 더 좋은 결과를 낼 수 있으리라 믿습니다.

　이를 위해 우선 현재의 당신 스스로를 긍정하고 사랑하세요.

나오는 말

'어른의 낯가림'은 '사교 불안증'이라는 마음의 병에 대한 예비군이라고 정의한 후 집필을 시작했습니다.

즉 ① 건강한 사람 ② '사교 불안증'이라는 진단이 내려질 만큼 곤란하지는 않지만 낯가림이 있는 사람 ③ '사교 불안증'이라는 진단이 내려질 정도까지 낯가림이 심한 사람, 이 세 가지 유형이 있다고 생각한 것입니다.

미국 정신의학회의 새로운 진단 기준(DSM-5라는 이름입니다)에서는 매일 6개월 이상, 대인관계의 불안이 계속되고, 일상생활에 지장을 주는 상태를 '사교 불안증'이라고 진단합니다.

또한 이 책에서는 낯가림을 극복하는 방법으로 사교불안증의 인지행동요법을 소개하고 있습니다. 마지막으로 인지행동요법에 대해 좀 더 설명하고자 합니다.

인지행동요법이란 인지요법과 행동요법이 하나가 된 정신요법, 심리요법입니다. 인지요법의 '인지'는 '생각'을 가리키는 것으로 이해해주세요. 생각(인지)이나 행동의 치우침을 발견해내고 균형을 잡을 수 있도록 고쳐가는 치료법입니다.

클리닉이나 병원에서 하는 인지행동요법은 매주 1회 30~50분 정도 맨투맨으로 환자와 테라피스트(의사와 임상심리사 등)가 대화를 하며 총 16회 정도(약 4개월간) 시행하는 게 표준적인 방법입니다.

매번, 화제를 정한 후 어떻게 생각 혹은 행동을 고쳐나갈 것인가 하는 방법에 대해 이야기하고 그 방법을 숙제로 집까지 가지고 가도록 하여 매일 지속시키는 방식입니다.

얼굴을 맞대고 하는 카운슬링을 상상하면 좋겠습니다만 내용면에서는 새로운 지식을 배우거나 새로운 기술을 익히기 위한 트레이닝을 하기도 합니다. 개인요법이 아니라 집단요법을 데이 케어(부분 입원. 고령자나 자택 치료 중인 환자가 주간에만 통원하여 치료 또는 기능 회복 훈련을 받는 일_옮긴이) 등에서 실시하는 형식도 있습니다.

일본에서는 2010년도부터 의사에 의한 우울증 인지요법, 인지행동요법이 공적 의료보험으로 승인되었고, 나아가 2016년도부터 사교 불안증, 패닉증, 강박증, 심적 외상 후 스트레스 장애(PTSD) 네 가지의 불안 장애도 승인되었습니다.

2018년도, 2020년도, 그리고 그 후 연도의 장차 개정에 맞춰 임상심리사(공인심리사)가 시행한 경우에도 공적 의료보험에 포함되도록, 혹은 불면증, 섭식장애, 만성 통증 같은 기타 질환에도 공적 의료보험의 적용이 확대되도록 관련 학술단체(학회)가 후생노동성에 요청하고 있는 중입니다.

치바 대학에서는 2016년 사교 불안증의 인지행동요법 랜덤화 비교 시험을 실시, 세계에서 처음으로 '선택적 세로토닌 재도입 저해 약' 같은 항우울약에 의한 약물요법을 받고도 회복되지 못한 환자의 '낯가림' 증상을 16회